느린 학습자를 위한

사회성 프로그램 의사소통편

-교사용-

백현주·이승미·김향숙 지음

배움의숲

머리말

아동기는 학교생활의 시작과 함께 특히 사회성을 기르는 매우 중요한 시기이다. 사회성은 아동이 친구를 사귀고, 또래와 건강한 관계를 유지하는 데 필수적인 기술로 자신감을 높이고, 공감 능력을 개발하며, 타인과의 갈등을 효과적으로 해결할 수 있는 힘이 된다. 사회성이 좋은 아동은 학교생활뿐 아니라 일상의 활동에 더 적극적으로 참여하고, 또래나 선생님과의 긍정적인 관계를 구축하는 경향이 있다. 또한 사회성을 통해 아이들은 자신의 감정을 이해하고 표현하는 방법을 배워 다른 사람의 감정을 인식하고 적절히 반응하여 다양한 상황에 더 잘 대처할 수 있다. 사회적 문제에 직면했을 때 문제를 해결하는 경험을 통해 적절한 대처기술을 익히고, 다양한 관점을 이해하는 능력을 키울 수 있다.

이처럼 사회성은 아동의 전반적인 발달에 매우 중요하며, 이를 통해 아동은 더 건강하고 행복한 삶을 영위할 수 있다. 그러나 경계선지능을 가진 아동이나 다양한 이유의 느린학습자, 여러 원인의 심리적 문제가 있는 아동은 사회적 단서를 이해하고 해석하는 데 어려움을 겪고 상대의 감정을 이해하며 대화하는 데도 어려움을 느끼는 때가 많다. 언어 발달이 늦고 의사소통 기술이 부족하여 복잡한 사회적 상황에서 적절하게 반응하거나 자신의 생각과 감정을 표현하는 데 제한이 있기도 하다. 또한 감정조절에 어려움을 겪어 스트레스가 많은 상황에서 쉽게 좌절하거나 감정이 격해지기도 한다. 이러한 독특한 사회적 어려움과 부적응으로 또래 관계에서 소외감을 느끼거나 관계의 질이 떨어지기도 한다.

일상생활에서 사회성을 습득하는 일반 아동들과 달리, 이런 어려움을 겪는 아동들은 사회적 기술을 자연스럽게 습득하기보다는 명시적인 교육과 연습을 통해 배워야 효과적인 경우가 많다. 교사와 부모가 아동에게 사회적 상황을 설명하고, 적절한 반응을 가르치는 데 더 많은 시간과 노력이 필요하다.

이 책의 시리즈는 사회성(감정, 의사소통, 친구 사귀기)을 한 걸음 더 성장하도록 돕기 위해 만들었다. 〈의사소통편〉에서는 일상의 소통에서 어려움을 경험한 느린 학습자가 위축되거나 왜곡된 생각에서 벗어나 다양한 의사소통 상황에 적응할 수 있도록 자기개념과 사고를 긍정적으로 하는 것에서 출발하였다. 의사소통은 상호작용뿐만 아니라 학업성취와 문제해결력 증진 및 자아존중감과 정서적 관리에도 영향을 미치는 중요한 요인이다. 경청의 방법을 시작으로 감사와 화해의 표현 등 상황별 대화에서 지켜야 하는 규칙을 이해하기 쉽게 담았으며, 온라인상에서의 예절도 배울 수 있도록 도왔다. 또래뿐 아니라 다른 관계에서의 공감적 이해를 바탕으로 주장적 자기표현을 할 수 있도록 다양한 매체와 역할극을 통해 연습할 수 있도록 하였다. 또한 의사소통에서 건강한 감정표현을 돕는 감정카드 활용 방법을 수록하였다.

느리지만 천천히, 한 걸음씩 나아가는 느린학습자의 언어적 비언어적 의사소통 증진을 통해 사회성 향상에 도움이 되길 희망한다.

느린학습자를 위한
사회성 프로그램
의사소통편

목 차

생각을 바꾸면 할 수 있어요!..6

남 탓? 내 탓? 내 생각은 내가 선택!.......................................17

주장적 말하기!..32

귀를 쫑긋! 멋진 대화의 시작!...44

감사의 씨앗! 행복의 나무!...55

친구의 마음을 여는 열쇠!..63

상황별 대화의 기술!..73

SNS에서도 예의 바른 행동이 필요해요!...............................80

지켜야 하는 것들이 있어요!...89

도움을 줄 수도 받을 수도 있어요!..97

생각을 바꾸면 할 수 있어요!

01 목적 생각이 행동에 미치는 영향을 이해

02 목표 긍정적 자기평가를 위해 심상을 활용할 수 있다.

자기격려를 통해 미래의 자신에 대한 긍정적 자아상을 갖는다.

03 준비물 아동용 활동지, 색 펜이나 색연필, 가위

활동내용

01 도입

- **프로그램 및 아동의 권리에 대해 안내하기**
  - 아동이 프로그램 참여의 권리주체자임을 안내하고 선택 및 참여, 비참여 권리 안내, 다른 사람의 인권도 존중할 의무이행자임을 안내합니다.
- **사전검사 실시하기**

 "의사소통과 관련된 척도를 사용해 사전-사후 검사를 하면 프로그램의 효과성을 알아보는 데 도움이 돼요."

- **약속 정하기**

1. 아동이 스스로 규칙을 정하도록 격려합니다.
2. 포스트잇에 규칙을 적어 모읍니다.
   한 장의 포스트잇에는 한 가지 규칙만 적도록 합니다.
3. 선생님도 집단원이 되어 규칙을 적어 냅니다.
   예) 다른 사람을 존중해요.
   　　다른 사람의 비밀을 지켜요.
   　　적극적으로 참여해요.
   　　솔직하게 나의 경험을 말해요.

4. 모두가 동의하는 규칙을 정합니다.
   - 한 친구라도 반대하는 규칙은 제외합니다.
5. 합의한 규칙을 〈우리의 약속〉에 기록하고 각자 서명합니다.
6. 프로그램에 기대하는 바나 건의사항 등 아동의 의견을 묻고 경청합니다.
   - 수용할 수 없는 의견이나 장난스럽게 말한 의견도 진지하게 경청하고, 수용하기 어려운 이유를 친절하게 설명합니다.

02 전개

- **몸과 마음은 하나**

1. 레몬을 머릿속에 상상하도록 안내합니다.
2. 상상한 레몬을 한 입 크게 베어 먹는 상상을 하도록 안내합니다.
3. 레몬을 먹는 상상을 했을 때 몸의 느낌은 어떠했는지 질문합니다.
4. 생각은 몸에 변화를 주는 힘이 있다는 것을 설명합니다.

 "'못해요'라고 생각하고 말하면 계속 못하게 되고, '할 수 있어요', '해 볼게요'라고 생각하고 말하면 용기있게 시도할 수 있고 발전할 수 있다는 것을 레몬 상상하기와 연결해 이야기해 주세요."

- **힘을 북돋아주는 마법버튼 만들기**

1. 무엇인가 성공해 뿌듯하고 자랑스러웠던 과거 경험을 기억해 떠올려 보도록 안내합니다.
2. 구체적인 기억을 유도해 지금-여기에서 재경험하도록 돕습니다.
   - 어떤 상황인가요?
   - 장소는 어디인가요?
   - 주변에 누가 있나요?
   - 나는 어떤 모습인가요?
   - 어떤 소리가 들리나요?
   - 어떤 신체 감각이 느껴지나요?
3. 성공경험 기억을 구체적으로 할 때 가장 강력한 느낌을 주었던 감각(시각, 청각, 촉각 등)은 무엇인지 정하도록 합니다.
4. 성공경험을 꺼낼 수 있는 마법버튼을 만듭니다.
   - 3번에서 고른 감각기관의 이미지로 만들고, 꾸밉니다.
5. 마법버튼을 손으로 잡은 후, 눈을 감고 앞서 떠올렸던 행복한 성공경험을 다시 떠올려 봅니다.
   - 마법버튼을 사용하면 즉각 기억이 떠오를 수 있도록 반복 연습합니다.

 "마법버튼이 아닌 신체를 사용해 기억을 꺼낼 수도 있어요. 예를 들어 윙크, 귓불 만지기, 손가락 튕기기 등의 신체를 이용해요."

- **칭찬과 격려 샤워**

1. 꿈을 이뤄 행복한 미래의 나를 상상하도록 안내합니다.
   - 어떤 상황인가요?
   - 장소는 어디인가요?
   - 주변에 누가 있나요?
   - 나는 어떤 모습인가요?
   - 어떤 소리가 들리나요?
   - 어떤 신체 감각이 느껴지나요?
2. 나에게 용기와 힘을 주는 든든한 사람을 생각하고 꾸밉니다.
3. 나에게 배움과 용기를 주는 선생님과 같은 사람을 생각하고 꾸밉니다.
4. 힘을 주는 사람은 나에게 어떤 이야기를 하고 있나요?
5. 가르쳐주는 사람은 나에게 어떤 이야기를 하고 있나요?
6. 칭찬과 격려 샤워기를 완성합니다.

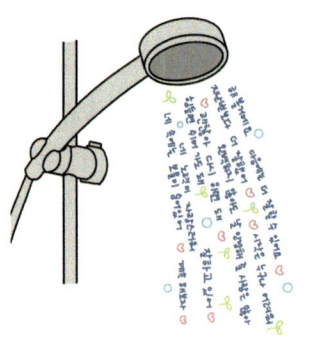

"물줄기 문장을 추가하도록 격려해요.
스스로 생각하거나 다른 친구들이나
선생님의 도움을 받아도 좋아요."

03 마무리

- '시작을 위한 긍정 생각 자기 교시' 읽기

| → 처음에는 못하는 것이 당연해. |
| → 노력하고 반복하면 발전할 수 있어. |
| → 다른 사람의 평가보다 지금 하려는 것에 집중해. |
| → 결과가 어떨까 하는 걱정은 버려. |
| → 아주 작은 한걸음으로 시작하고, 계속 연습해. |

– 자기 교시문을 함께 소리 내 읽습니다.

- 정리 및 소감 나누기

1. 좋았던 것, 배운 것, 아쉬웠던 것, 다음 시간에 바라는 것을 나눕니다.
2. 생각을 바꾸면 행동이 바뀌고, 미래의 결과도 바꿀 수 있다는 것을 강조하고 마무리 합니다.

04
활동지 1-1 마법버튼 만들기

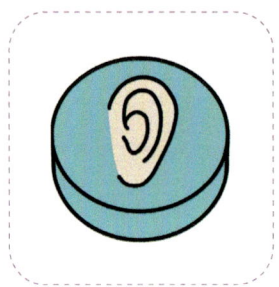

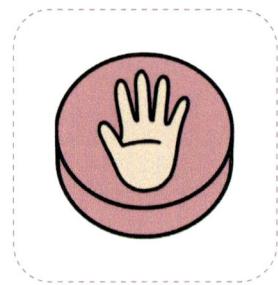

마법버튼 만들기

04

활동지 1-2 칭찬과 격려 샤워기 만들기

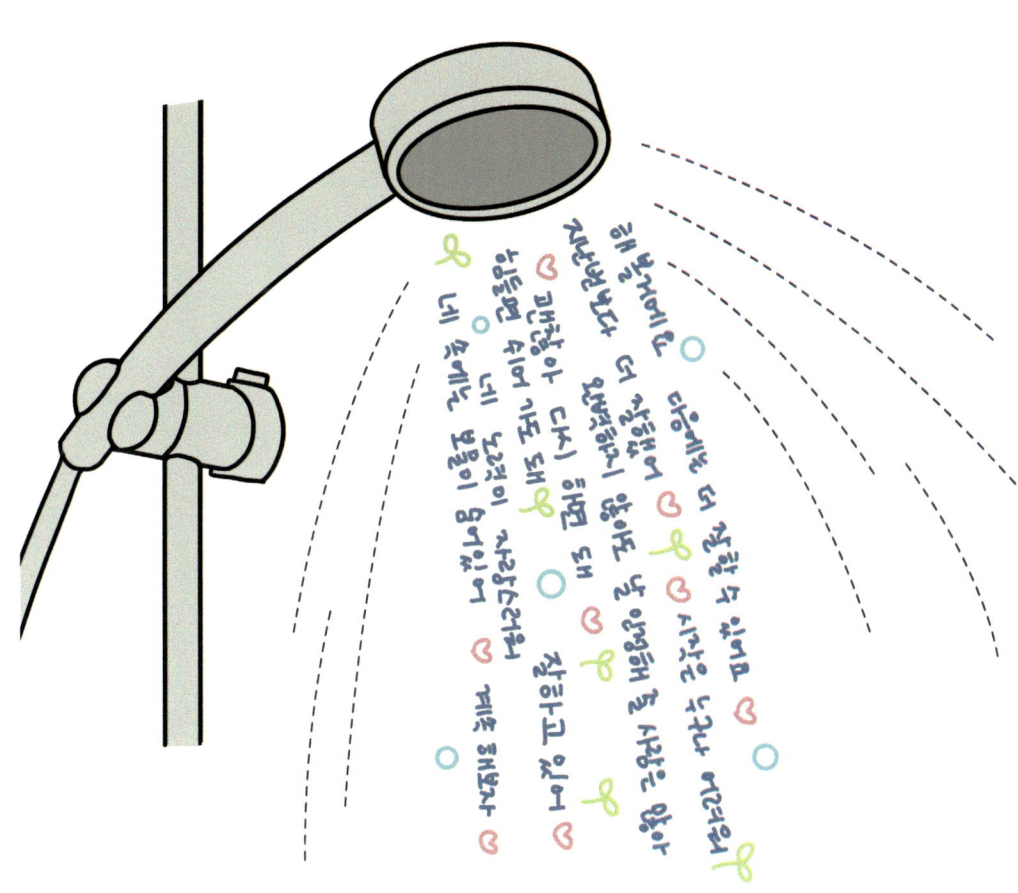

04 활동지 1-3 자기 교시문 만들기

시작을 위한 긍정 생각 자기 교시문

처음에는 못하는 것이 당연해!
노력하고 반복하면 발전할 수 있어.
다른 사람의 평가보다, 지금 하려는 것에 집중해.
결과가 어떨까 하는 걱정은 버려.
아주 작은 한걸음으로 시작하고, 계속 연습해.

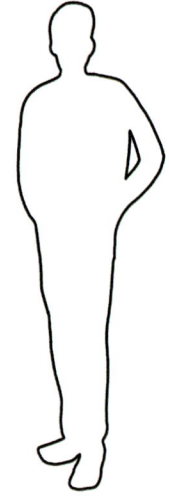

〈나를 칭찬하는 사람〉

〈나를 격려하고 힘을 주는 사람〉

참고자료(1)

「신경 언어 프로그래밍(Neuro-Linguistic Programming, NLP)」
'마법버튼'은 신경 언어 프로그래밍 기법을 활용한 활동입니다.

신경 언어 프로그래밍은 인간의 심리적, 언어적, 행동적 패턴을 이해하고 변화시키는 방법을 연구하는 학문으로 우리의 생각, 언어, 행동을 더 효과적으로 바꿔서 삶의 질을 높이는 것을 목적으로 하는 기법입니다.

- 신경(Neuro): 인간의 경험 즉, 세상을 어떻게 보고, 듣고, 느끼는지가 모두 신경 시스템에 의해 결정되고 처리됨

- 언어(Linguistic): 언어는 인간이 경험을 해석하고 소통하는 도구로, 사고방식과 감정에 큰 영향을 줌

- 프로그래밍(Programming): 인간은 행동과 사고 패턴을 프로그래밍하듯이 특정한 방법과 기술로 변화시켜 원하는 목표를 달성할 수 있음

앵커링, 모델링, 리프레임 기법이 대표적인 신경 언어 프로그래밍 기법입니다.
이 중 앵커링 기법을 '마법버튼'에 적용했습니다.

- 앵커링(Anchoring): 원하는 감정 상태를 촉발시키기 위한 특정한 신호 (예: 특정한 동작이나 말)를 사용하는 기술

- 모델링(Modeling): 성공적인 사람들의 행동, 사고, 언어 패턴을 모방하여 자신의 성과를 향상하는 방법

- 리프레임(Reframing): 상황을 다른 관점에서 보도록 유도하여 더 긍정적인 해석을 할 수 있게 하는 방법

• 앵커링(Anchoring)

특정한 감정 상태에 있을 때, 그 상태를 떠올리기 쉽게 만드는 자극(시각, 청각, 촉각 자극 등)과 감정 상태를 연결하기

예) 행복한 감정을 앵커로 설정하기
① 눈을 감고 아주 행복했던 순간을 생생하게 떠올려 보기. 그때의 감정, 느낌, 소리 등을 최대한 생생하게 기억하기
② 그 행복한 감정이 최고조에 달했을 때, 손가락을 꼬거나 손목을 톡톡 두드리는 등의 특정한 신체 동작을 하기(그림, 사진 등을 보거나, 음악 듣기 등 원하는 자극 활용)
③ 이 동작을 반복하면서 그 행복한 감정과 동작을 연결
④ 기분이 좋지 않거나 행복한 감정이 필요할 때, 설정했던 손가락 동작이나 손목을 두드리는 동작을 해서 행복한 감정을 떠올리기

→ 자극이 감정 상태와 강하게 연결되도록 반복하는 것이 중요!

아동이 위축되거나 긴장했을 때 또는 용기가 필요할 때 마법버튼을 활용해 자신감을 끌어 올릴 수 있도록 도와주세요.

남 탓? 내 탓?
내 생각은 내가 선택!

01 목적   상황을 긍정적으로 해석하기

02 목표   같은 상황을 다양하게 인지할 수 있다는 것을 이해한다.

왜곡된 생각이 아닌 긍정적 사고로 상황을 해석할 수 있다.

03 준비물   아동용 활동지, 색 펜이나 색연필, 필기구, 가면(활동지 가면이나 시중에서 파는 종이가면)

활동내용

01 도입

- **약속 확인하기**
  - 〈우리의 약속〉을 게시하고 가볍게 확인합니다.
- **마법버튼 경험 나누기**
  - 지난 시간에 만든 마법버튼을 사용한 경험을 나눕니다.
  - '시작을 위한 긍정 생각 자기 교시'를 다 함께 소리내어 읽습니다.

- **큰 소리 작은 소리 게임**
  - 한 사람씩 돌아가면서 숫자를 말합니다.
  - 앞의 사람보다 큰 숫자를 말할 때는 소리를 크게 냅니다.
  - 앞의 사람보다 작은 숫자를 말할 때는 소리를 작게 냅니다.

 "앞 사람 숫자와의 차이가 2를 넘지 않도록 안내해요. 목소리 크기를 통해 자기조절을 경험하고, 점점 크게, 점점 작게 소리를 내는 집단 활동을 통해 긴장을 풀고 즐거운 경험을 할 수 있어요."

- **아이스브레이킹 활동하기**
  ⇒ [부록]의 아이스브레이킹 활동을 선택해도 좋아요.

02 전개

- **같은 상황 다른 해석**
1. 같은 상황 다른 해석을 읽고 각 해석에 따른 감정을 생각해보도록 지도합니다.
2. 같은 상황인데 다른 생각과 감정을 느낄 수 있다는 것에 관해 각자의 느낌을 나눕니다.

상황	해석	감정
친구가 나를 모르는 체하고 지나갔다.	친구가 바빠서 나를 보지 못했구나.	평안
	친구가 나에게 화가 난 것 같아.	걱정
	친구가 나를 싫어하게 됐나봐.	속상함, 걱정
	친구가 오늘 기분이 좋지 않은가보다.	속상함
	어제 내 행동 때문에 친구가 속상한 것 같아.	후회

상황	해석	감정
집에 왔는데 강아지가 꼬리를 흔들고 있다.	강아지가 나를 보고 기뻐한다.	반가움
	강아지가 산책을 가고 싶어 한다.	기대
	강아지가 배가 고파 먹이를 달라고 한다.	안쓰러움
	강아지가 오랫동안 혼자 있어 외로워하고 있다.	외로움
	강아지가 어떤 문제를 알리려 하고 있다.	불안, 긴장

- **삐딱한 생각 바꾸기**

1. 삐딱한 생각의 상황을 함께 읽고 어떤 부분이 문제인지 아동이 먼저 찾아보도록 지도합니다.
2. 삐딱한 생각을 바꾸는 열쇳말 카드를 살펴보고 각 방법을 지도합니다.
3. 여러 상황에 따른 연습 문제를 풀어보고, 아동의 일상 생활 속 상황에도 적용해보도록 지도합니다.

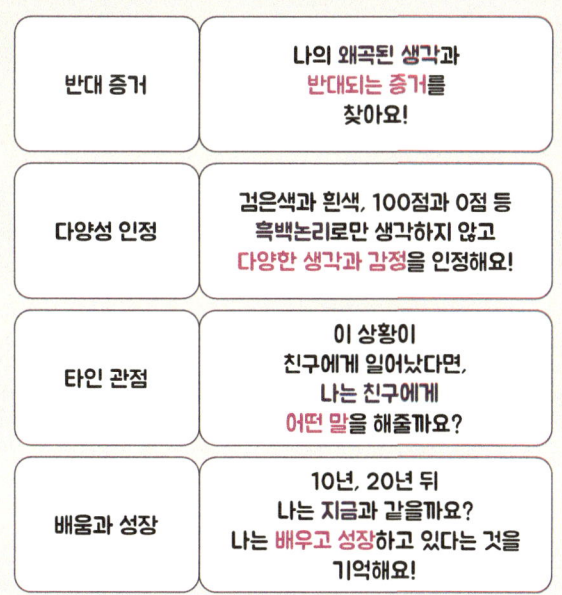

"먼저, '반대 증거'와 '다양성 인정' 기법을 충분히 연습하고, 아동이 활용할 수 있도록 도와주세요. '타인 관점'과 '배움과 성장' 기법은 추가로 필요한 경우 가르쳐 주세요."

4. 삐딱한 생각을 찾고 바꾸는 방법을 복습해요.

| 기분 나쁜 상황 | » | 멈춰! | » | 삐딱한 생각 알아차림 | » | 생각 바꾸기 | » | 상황을 다르게 보기 |

Tip

"'삐딱한 생각 바꾸기' 활동을 할 때 가면을 쓰고 상황과 삐딱한 생각을 다룬 후 가면을 벗고 삐딱한 생각을 바꾸면 아동이 문제를 더 잘 인지할 수 있어요."

"일상생활에서 겪었던 기분 나쁜 일들이나 상황 카드를 이용해 '삐딱한 생각 바꾸기'기법을 연습하도록 도와주세요. 처음에는 혼자 하기 어려워할 수 있어요. 처음에는 선생님과 친구들과 함께 충분히 연습해 주세요."

"'멈춰!'카드나 자신이 정한 동작(멈춰를 기억하게 하는)을 만들어 '멈춰!' 습관이 생기도록 지도해 주세요."

삐딱한 생각 바꾸기 연습을 위한 상황카드

나는 발표를 엉망으로 했어. 친구들이 나를 비웃을 거야.	친구가 생일파티에 나를 초대하지 않았어. 친구는 나를 싫어해.	내가 실수한 걸 친구들이 봤으니 나를 바보로 생각하겠지.
나는 항상 착해야 해. 착하지 않으면 사람들은 나를 싫어해.	친구들은 내가 말을 잘 못한다고 생각해. 나와 함께 놀기 싫겠지.	나는 밝고 활발한 모습으로 다른 사람들을 즐겁게 해주어야만 사랑받을 수 있어.
선생님 질문에 답을 못할 것 같아. 답을 못하면 친구들이 놀릴 거야.	친구의 부탁을 거절하면 친구가 날 싫어하게 될 거야.	나는 실수를 하면 얼굴이 빨개져 놀림을 당할 거야.
?	?	?

03 마무리

- 정리 및 소감 나누기

1. 좋았던 것, 배운 것, 아쉬웠던 것, 다음 시간에 바라는 것을 나눕니다.
2. 삐딱한 생각을 알아차리고 '멈춰!'한 후 바꾸기 기법을 사용하면 어려운 일이나 삐딱한 마음이 줄어들고 밝게 지낼 수 있다는 것을 강조합니다.

04

활동지 2-1 같은 상황 다른 해석: 〈예시〉를 보고 같은 상황에 대한 다양한 해석과 그에 따른 감정을 확인한 후 빈 칸을 채워보세요.

〈예시〉

상황	해석	감정
친구가 나를 모르는 체하고 지나갔다.	친구가 바빠서 나를 보지 못했구나.	평안
	친구가 나에게 화가 난 것 같아.	걱정
	친구가 나를 싫어하게 됐나봐.	속상함, 걱정
	친구가 오늘 기분이 좋지 않은가보다.	속상함
	어제 내 행동 때문에 친구가 속상한 것 같아.	후회

〈연습〉

상황	해석	감정
집에 왔는데 강아지가 꼬리를 흔들고 있다.		

04
활동지 2-2 삐딱한 생각 바꾸기: 삐딱한 생각을 푸는 열쇳말

반대 증거	나의 왜곡된 생각과 **반대되는 증거**를 찾아요!
다양성 인정	검은색과 흰색, 100점과 0점 등 흑백논리로만 생각하지 않고 **다양한 생각과 감정**을 인정해요!
타인 관점	이 상황이 친구에게 일어났다면, 나는 친구에게 **어떤 말**을 해줄까요?
배움과 성장	10년, 20년 뒤 나는 지금과 같을까요? 나는 **배우고 성장**하고 있다는 것을 기억해요!

의사소통편

04
활동지 2-3 삐딱한 생각 바꾸기: 연습문제

상황 1

상황	친구에게 '내가 더 좋아, ○○이가 더 좋아?'라고 물었는데 친구가 바로 대답을 하지 않아서 '나를 싫어하는구나!'라고 생각했다.
삐딱한 생각	**흑백논리**: 상황이나 감정을 양극단으로만 생각해요.
생각 바꾸기	바로 대답하지 못한 다양한 이유가 있어요. → 친구는 질문을 진지하게 생각해보고 대답하고 싶었을 수 있어. → 갑작스러운 질문에 친구가 당황해서 바로 답하지 못했을 수도 있어. → 친구는 나를 기분 나쁘게 하지 않으려고 적절한 답변을 신중하게 고민하고 있었을 수 있어. → 친구가 다른 생각을 하고 있거나 피곤해서 질문을 잘 못 들어 바로 답하지 않았을 수 있어.

상황 2

상황	'너는 그림을 잘 그려'라고 칭찬 받았는데 '그럼 뭐해, 수학을 못하는데!'라고 생각했다.
삐딱한 생각	**과장축소**: 자신의 강점은 축소하고 약점은 과장해요.
생각 바꾸기	자신의 장점과 단점을 균형 있게 볼 수 있는 반대 증거를 찾아요. → 모든 사람이 모든 것을 잘할 필요는 없어, 각자의 재능은 다르 잖아. 나는 그림을 잘 그리고, 다른 친구는 수학을 잘할 수 있지. → 그림을 잘 그리는 것도 중요한 능력이야! 칭찬받아서 기뻐. → 수학을 지금은 잘 못하지만, 노력하면 개선할 수 있어. 지금 못한다고 영원히 못하는 건 아니야.

상황 3

상황	지각해서 선생님께 꾸중을 들었다. 선생님은 나를 싫어하는 것이 분명하다.
삐딱한 생각	**성급한 결론:** 충분한 근거 없이 한두 번 일로 성급하게 결론을 내려요.
생각 바꾸기	객관적이고 다양한 관점에서 생각해봐요. → 선생님은 다른 친구들도 지각하면 꾸중을 하셨어. 나만 특별히 싫어해서가 아니야. → 선생님은 나를 싫어해서가 아니라 내가 시간을 잘 지키는 사람이 되길 원하시기 때문에 꾸중하신 거야. → 선생님이 나를 칭찬하거나 도와주신 적도 여러 번 있었어.

상황 4

"분명히 혼나겠지…"

상황	오늘은 왠지 기분이 나빠. 오늘 분명히 선생님께 혼이 날 거야.
삐딱한 생각	**감정적 추론:** 근거 없이 막연한 감정으로 결론을 내려요.
생각 바꾸기	반대 증거를 찾아봐요. → 기분이 나빴던 날에도 선생님께 혼나지 않은 적이 많아. → 오늘 내가 잘못한 일이 없으면 선생님께 혼날 이유도 없어. → 선생님은 내가 기분이 나쁘다는 이유로 혼내신 적이 없어. → 과거에 기분이 나쁘다고 항상 나쁜 일이 일어나지는 않았어.

상황 5

상황	길에서 어떤 사람이 낄낄 웃으며 내 곁을 지나갔다. '나를 보고 비웃었을 거야.'
삐딱한 생각	**개인화:** 근거 없이 다른 사람의 마음을 추측해요.
생각 바꾸기	다양한 해석과 과거 경험을 찾아봐요. → 그 사람이 다른 생각이나 이야기 때문에 웃었을 수도 있어. → 그 사람은 그저 기분이 좋아 웃었을 수 있어. → 사람들은 다양한 이유로 웃어. 꼭 나를 보고 웃은 것은 아닐 수 있어. → 길에서 웃는 사람들이 모두 특정 사람을 보고 웃지는 않아. → 과거에 사람들이 웃을 때 나와는 전혀 상관없는 경우가 많았어. → 길에서 만난 사람들이 웃을 때 나를 비웃는 경우는 거의 없었어.

참고자료(2)

느린학습자들은 실패경험의 누적으로 위축된 마음이 크고, 상황을 왜곡하여 이해하는 인지왜곡을 보이기 쉽습니다.

'삐딱한 생각 바꾸기'는 인지왜곡을 수정하기 위한 활동입니다.

인지왜곡(Cognitive Distortion)은 상황을 부정확하고 부정적으로 해석하게 만드는 비합리적인 사고 패턴을 말합니다. 왜곡된 생각은 우리의 감정과 행동에 부정적인 영향을 미치므로 이를 이해하고 수정하는 것은 정신 건강을 유지하고 긍정적인 사고를 형성하는 데 매우 중요합니다.

- 흑백논리(All-or-Nothing Thinking): 상황을 흑백, 즉 극단적으로만 보는 것으로 중간 지점을 인정하지 않는 사고 방식
  → 예) 받아쓰기 시험에서 100점을 못 받으면 나는 완전히 실패한 거야. 절대 성공할 수 없어.

- 과잉일반화(Overgeneralization): 하나의 사건이나 경험을 바탕으로 일반적인 결론을 내리는 것
  → 예) 이번 발표에서 실수했으니 나는 항상 실수만 할 거야.

- 정신적 여과(Mental Filter): 긍정적인 측면을 무시하고 부정적인 부분만 집중하는 것
  → 예) 선생님이 나를 많이 칭찬했지만, 나는 선생님이 나를 한 번 꾸중하신 것이 더 신경쓰여.

- 축소와 확대(Magnification and Minimization): 자신의 실수나 다른 사람의 성취를 과장하거나 축소하는 것
  → 예) 내가 친구랑 놀 때 했던 실수는 절대 용서받을 수 없을 거야.

- **감정적 추론(Emotional Reasoning):** 자신의 감정을 사실로 여기는 것
  → 예) 불안해. 그래서 분명히 안 좋은 일이 일어날 거야.

- **개인화(Personalization):** 자신과 무관한 사건을 자신의 탓으로 돌리는 것
  → 예) 우리 팀이 피구에서 진 건 내 탓이야.

- **임의적 추론(Arbitrary Inference):** 충분한 근거 없이 결론을 내리는 것
  → 예) 친구가 내 전화를 받지 않았어. 분명히 나를 피하고 있는 거야.

- **긍정적 무시(Disqualifying the Positive):** 긍정적인 경험이나 칭찬을 무시하고 부정적인 것만 받아들이는 것
  → 예) 친구들이 나를 칭찬했지만, 그건 진심이 아닐 거야.

- **당위 진술(Should Statements):** 지나치게 엄격한 기준을 가지고 자신이나 타인을 판단하는 것
  → 예) 나는 항상 착해야 해. 그렇지 않으면 사랑받지 못해.

- **낙인찍기(Labeling):** 특정 행동이나 실수를 자신의 전체 성격으로 일반화하는 것
  → 예) 나는 게으른 사람이야.(한 번의 게으른 행동으로 전체를 일반화)

주장적 말하기

01 목적   공감적 이해를 통한 화해와 주장적 말하기

02 목표   상대의 입장이 되어 보고 공감적 이해를 할 수 있다.

공격적 말하기가 아닌 주장적 자기표현을 할 수 있다.

03 준비물   아동용 활동지, 색 펜이나 색연필, 필기구, 의자 3개

활동내용

01 도입

- **삐딱한 생각 바꾸기 경험 나누기**
  - 지난 시간에 배운 '삐딱한 생각 바꾸기' 기법을 사용해 보았는지 경험을 나눕니다.
- **아이스브레이킹 활동하기**
  ⇒ [부록]의 아이스브레이킹 활동을 선택해도 좋아요.

02 전개

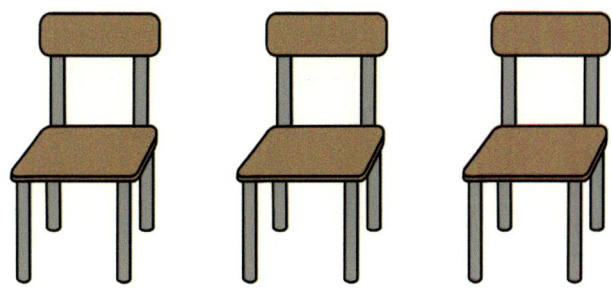

- **빈 의자 대화**

1. 의자 3개를 준비하고 자신, 친구, 관찰자라고 이름을 붙입니다.
2. 사이 좋게 잘 지내고 싶지만 나를 화나게 하거나 속상하게 하는 친구를 떠올려 보도록 안내합니다.
3. 활동지에 색, 그림, 글씨, 물건 등 그 친구를 상징할 수 있는 것을 표현하고 오립니다. 오린 종이를 친구 의자에 붙입니다.
4. 아동이 자신의 의자에 앉아 친구 의자를 바라보며 하고 싶은 말을 하도록 격려합니다.
5. 자리를 바꿔 친구 의자에 아동이 앉습니다. 이번에는 자신 의자를 바라보며 스스로에게 하고 싶은 말을 하도록 합니다.
6. 다시 자리를 바꿔 이번에는 관찰자 의자에 앉습니다. 아동은 자신 의자를 바라보며 관찰자 입장에서 자신에게 하고 싶은 말을 합니다.

 "집단원이 많은 경우 한 회기에 2명 이하로 나누어 진행해요. 아동들의 집중력이 떨어질 수 있어요."

- **주장적 자기표현**

1. 3가지 자기표현을 설명하고 예를 들어 줍니다.

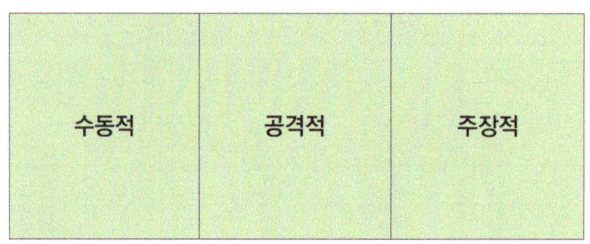

수동적	솔직하지 않고, 간접적으로 자신의 욕구를 충족하거나 수동 공격하는 표현
공격적	다른 사람의 권리나 욕구를 고려하거나 배려하지 않고 자신의 욕구를 충족하거나 상대를 직접 공격하는 표현
주장적	자신과 타인의 권리와 욕구를 동시에 존중하고 고려하며 자기 생각과 감정을 솔직하게 표현

2. 상황에 따른 수동적, 공격적, 주장적 표현을 아동이 생각해보도록 격려하고 함께 나눕니다.

상황		반응
친구들과 대화 도중 어떤 친구가 내 말을 가로막을 때	수	'내 말이 틀린가봐.' 생각하고 말하기를 멈춘다.
	공	"야! 내가 지금 말하고 있잖아!" 화를 낸다.
	주	"내 말이 아직 끝나지 않았어. 내 이야기가 끝난 후 네 말 하면 좋겠어." 주장한다.

상황		반응
내 생일파티에 온다고 약속한 친구가 오지 않을 때	수	'내가 싫은가봐.' 생각하고 기가 죽는다.
	공	"넌 오기로 해 놓고 오지 않으면 어떡해. 너 때문에 내 파티를 망쳤잖아!" 화를 낸다.
	주	"네가 온다고 약속하고 오지 않아 서운하고 걱정도 됐어. 혹시 무슨 일이 있었니?"

상황		반응
친구들이 나만 빼고 놀고 있을 때	수	'내가 같이 놀자고 하면 싫어하겠지, 혼자 놀아야겠다.'
	공	친구들이 노는 것을 방해한다.
	주	"나도 같이 놀고 싶어. 함께 놀아도 될까?"

상황		반응
내 물건을 친구가 허락 없이 사용할 때	수	"물어보지 않고 내 물건 써도 돼."
	공	"왜 내 물건을 마음대로 쓰는 거야? 짜증 나!"
	주	"내 물건을 사용할 때는 꼭 물어봐 줬으면 좋겠어."

상황		반응
친구가 내 의견을 무시할 때	수	"네 말이 맞아. 내 의견은 중요하지 않아."
	공	"왜 내 말을 무시해? 네 생각만 중요한 거야?"
	주	"내 의견도 들어줬으면 좋겠어."

상황		반응
친구가 약속시간을 자주 어길 때	수	"괜찮아, 늦어도 돼."
	공	"너는 왜 맨날 늦어! 정말 짜증 나."
	주	"약속 시간을 지키면 좋겠어. 다음에는 늦지 않았으면 해."

상황		반응
선생님께 궁금한 것이 있을 때	수	질문이 있지만 말하지 않음
	공	"왜 이걸 제대로 설명 안 해주세요?"
	주	"선생님, 이 부분은 이해가 안 가요. 다시 설명해 주실 수 있을까요?"

의사소통편

상황		반응
친구가 연필을 빌려가서 돌려주지 않을 때	수	아무 말도 하지 않고 다른 연필을 사용
	공	"내 연필 돌려줘! 넌 왜 그렇게 이기적이야!"
	주	"나, 지금 연필 필요해. 돌려줘."

상황		반응
친구가 내 간식을 빼앗아 먹을 때	수	그냥 가만히 있음
	공	"내 간식 왜 먹어! 다시 돌려놔!"
	주	"내 간식이야. 나도 먹고 싶어. 다음엔 꼭 물어보고 먹어줘."

상황		반응
친구가 실수로 나를 밀쳤을 때	수	넘어졌지만 아무 말도 하지 않음
	공	"왜 밀쳐! 너도 당해 볼래!"
	주	"네 실수로 넘어져서 아팠어. 다음에는 조심해 줘."

상황		반응
친구가 못생겼다고 놀릴 때	수	그냥 참고 웃어 넘김
	공	"너도 엄청 못생겼어!"
	주	"네가 그렇게 말하면 기분이 안 좋아. 놀리지 말아줘."

 "아동이 힘들었던 상황과 그 상황에서 어떻게 반응했는지 이야기를 나눠요. 세 가지 자기표현 중 어떤 표현인지 찾고 주장적 표현으로 바꾸는 연습을 해요. 그림책 등 다양한 상황으로 연습하면 좋아요!"

"상황에 따른 감정을 인식하고 표현하는 연습에 느린학습자를 위한 사회성시리즈 <감정편>을 활용해도 좋아요."

03 마무리

- **정리 및 소감 나누기**

1. 좋았던 것, 배운 것, 아쉬웠던 것, 다음 시간에 바라는 것을 나눕니다.
2. 주장적 말하기는 친구와의 관계를 좋게 하고 나의 마음도 평화롭게 하는 방법임을 강조합니다.

참고자료(3)

빈의자 대화는 심리극의 빈의자 기법을 적용한 활동입니다.

빈의자 기법(Empty Chair Technique)은 심리치료와 심리극(psychodrama)에서 자주 사용되는 기법 중 하나로, 개인이 자신의 감정, 생각, 갈등을 탐색하고 표현하는 데 도움을 줍니다. 이 프로그램에서는 전문적인 치료 기법으로서가 아니라 아동이 타인의 감정과 생각을 이해해보는 활동으로 접근합니다.

상담자가 내담자에게 빈 의자를 준비해 놓고, 그 의자가 특정 인물이나 상황을 상징한다고 상상하게 합니다. 이 인물은 내담자에게 중요한 누군가일 수도 있고, 과거의 자기 자신일 수도 있으며, 특정 감정이나 상황을 대표할 수도 있습니다. 내담자는 빈 의자에 앉아 있는 인물에게 말을 걸거나, 그 인물의 입장에서 대답을 하는 방식으로 대화를 이어갑니다.

- **빈의자 기법의 기대효과**

- 내담자가 직접 대면하기 어려운 사람에게 자신의 감정을 표현하도록 돕습니다.
- 내담자가 자기 속의 다양한 감정이나 갈등을 탐색하고 이해할 수 있게 합니다.
- 내담자가 다양한 시각에서 상황을 바라보게 하여 새로운 통찰을 얻을 수 있게 합니다.
- 내담자가 갈등 상황에서 대화를 통해 해결책을 모색할 수 있게 합니다.

- **빈의자 기법의 절차**

- 설정: 빈 의자를 준비합니다. 내담자는 그 의자가 특정 인물이나 상황을 상징한다고 상상합니다.
- 역할 설정: 내담자는 자신이 이야기하고 싶은 인물이나 상황을 선택합니다. 예를 들어, 내담자는 그 의자가 부모, 친구, 또는 자신의 과거 모습이라고 상상할 수 있습니다.

- 대화 시작: 내담자는 그 의자에 앉아 있는 인물에게 자신의 감정과 생각을 표현합니다. 예를 들어, "OO아, 네가 지난 번 나에게 ~ 말했잖아. 나 많이 속상했어."
- 역할 전환: 내담자는 의자에 앉아 있는 인물의 입장에서 대답을 합니다. 이를 통해 내담자는 상대방의 시각을 이해하고 새로운 통찰을 얻을 수 있습니다. 예를 들어 친구의 입장에서, '나는 너와 장난치고 싶었어. 너도 장난으로 재미있게 생각할 줄 알았지.'
- 반복: 이 과정을 반복하여 내담자는 다양한 시각에서 상황을 탐색하고, 감정의 변화를 경험할 수 있습니다.
- 통합: 대화를 마친 후, 내담자는 자신이 경험한 감정과 통찰을 통합하고, 앞으로 어떻게 행동할지에 대한 계획을 세울 수 있습니다.

- **주의할 점**

- 아동이 상상력을 충분히 발휘하지 못하면 효과는 떨어지고 활동을 힘들어 할 수 있어요.
- 심리적으로 너무 부담스러운 상황일 경우, 아동이 불편함을 느낄 수 있어요.
- 교훈하거나 가르치려 하지 말고 아동이 충분히 지지받고 있음을 느끼도록 도와주세요.

귀를 쫑긋!
멋진 대화의 시작!

01 목적 대화의 기본은 듣기임을 이해

02 목표 상대방의 말을 듣고 주요 내용을 잘 이해할 수 있다.

듣기를 효과적으로 할 수 있는 구체적인 방법을 연습한다.

03 준비물 아동용 활동지, 색 펜이나 색연필, 도화지(또는 A4용지), 가위, 풀

활동내용

01 도입

- **자기표현 경험 나누기**
  - 지난 일주일 동안 주장적 자기표현으로 대화한 경험을 나눕니다.
- **아이스브레이킹 활동하기**
  ⇒ [부록]의 아이스브레이킹 활동을 선택해도 좋아요.

02 전개

- **설명 따라 그리기**

1. 두 명씩 짝을 지어 한 명은 설명을 하고, 다른 한 명은 그림을 그립니다. 그림을 그리는 아동은 설명을 듣고 그대로 따라 그립니다.
2. 다시 역할을 바꾸어 진행합니다.

예1) 종이를 가로로 놓아주세요. 오른쪽 위에 동그라미를 그리세요. 왼쪽 아래에 세모를 그리세요. 세모와 동그라미 사이에는 큰 네모를 그립니다.

예2) 종이를 가로로 놓아주세요. 종이의 중앙에 큰 별을 그리세요. 별의 오른쪽 비어있는 공간 가운데에 처음 그린 중앙의 별보다 작은 별을 하나 더 그리세요.

예3) 종이의 아래쪽에 네모를 그려 집의 몸체를 만들고, 위에 삼각형을 그려 지붕을 만듭니다. 집의 한쪽에 문과 창문을 추가하세요.

예4) 종이의 중앙 아래에 직사각형을 그려 나무의 줄기를 만들고, 위에 큰 동그라미나 작은 동그라미를 여러 개 그려 나무의 잎을 표현하세요.

예5) 종이의 중앙에 큰 동그라미를 그려 얼굴을 만들고, 안에 두 개의 작은 동그라미로 눈을, 짧은 선으로 코와 웃는 입을 그리세요.

예6) 종이의 중앙에 큰 동그라미를 그려 얼굴을 만들고, 그 위에 두 개의 작은 삼각형을 그려 귀를 표현합니다. 얼굴 안에 눈, 코, 수염을 그리세요. 몸통으로 작은 타원을 그린 후, 네 개의 다리를 추가하세요.

예7) 종이의 오른쪽 위에 큰 동그라미를 그려 해를 만들고, 주위에 여러 개의 선을 그려 햇살을 표현합니다. 해의 옆에 여러 개의 작은 동그라미로 구름을 표현하세요.

예8) 종이를 가로로 놓아주세요. 종이 중앙에 동그라미를 그리세요. 동그라미 오른쪽에 위를 향하게 하는 화살표를 그리고 그 위에 하트모양을 그려주세요.

"설명을 하는 아동은 설명이 너무 복잡하지 않도록 문장의 갯수를 제한해 주세요. 또한 그림에 대해 설명하고 그릴 때, 중간에 질문을 하거나 대답하지 않고 끝까지 설명하고 그리는 활동임을 알려주세요. 상대방이 이해하지 못하거나, 질문이 있더라도 쉼 없이 모두 설명하도록 지도해 주세요. 그림을 다 그리고 경험나누기를 할 때, 상대방이 끼어들기 어려운 일방적인 말하기는 의사소통에 방해가 됨을 알려주세요."

"설명하는 아동이 특정 정답을 생각하고 친구의 그림을 평가하면, 명확한 기준이 없는 경우 이해와 표현이 다 다를 수 있음을 알려주세요. 예를 들어, '오른쪽'은 정확히 포인트 되는 위치 없이 중앙에서 오른쪽이면 다 '오른쪽'에 해당해요."

- **이야기 이어가기 게임**

1. 한 사람씩 이야기를 더해가는 활동입니다. 한 아동이 시작하여 한 문장을 말하고, 다음 아동이 그 문장을 이어받아 다음 문장을 추가합니다.
2. 돌아가며 앞사람의 이야기를 이어가는 방식으로 진행합니다.
3. 마지막 아동까지 이야기가 끝난 후, 함께 나누며 독점적인 대화가 아닌 상호작용을 통해 더 재미있고 창의적인 이야기가 만들어졌음을 느끼게 합니다.

1. 저학년의 경우 이야기 만들기를 어려워할 수 있어요. 이야기를 시작하는 아동에게 예시를 주는 것도 좋아요.

예시	
장소	숲속, 바닷 속, 운동장 등
등장인물	동민, 주희, 강아지, 고양이, 사슴 등
주제	행복한 결말, 따듯한 마음의 주인공 이야기 등

2. 고학년의 경우에도 이야기 만들기의 최소 조건을 알려주세요.

예시	
장소	아동이 원하는 장소
등장인물	3명
주제	행복한 결말, 따듯한 마음의 주인공 이야기 등

"이야기의 내용은 참여하는 아동이 싫어하거나 상처받는 내용이 없으며, 듣기에 거북하거나 혐오를 느끼는 내용은 제외하여 행복한 결말이 되도록 알려주세요."

- **가라사대 게임**

1. 가라사대를 붙여 말하면 행동으로 옮기고, 가라사대 없이 말하면 행동하지 않는 활동임을 설명합니다.
2. 선생님이 먼저 지시자가 되어 '가라사대 오른손을 올리세요.'와 같은 예문을 만들어 활동합니다.
3. 아동이 지시자가 되어 가라사대 지시문을 만듭니다.
   예) 박수치세요, 머리를 끄덕이세요, 코를 만지세요, 하하하 웃으세요 등

"가라사대 게임의 목적은 '가라사대'라는 말로 시작되는 지시만 따르는 것이에요. '가라사대'라는 말이 없이 주어진 지시를 따르면 탈락하고, 탈락된 아동이 지시문을 읽는 활동으로도 진행할 수 있어요. 그러면 남아 있는 아동이 듣는 것에 더 집중력을 발휘하기도 해요."

"가라사대 게임을 이용해 근육이완 훈련을 해도 좋아요. 예, 가라사대 어깨를 으쓱 올리세요. 가라사대 올린 어깨에 힘을 주고 멈추세요. 가라사대 어깨를 툭 떨어뜨리세요. 이완 훈련은 마음을 진정시키고 평화로운 감정이 생기게 하는 마음챙김에도 도움이 돼요."

- **듣기 기술**

1. 두 사람씩 짝이 되어 말하는 사람과 듣는 사람이 됩니다.
2. 다음 세 가지 다른 태도로 듣기를 해봅니다.
   ① 한 사람이 (학교급식 메뉴에 대해) 말할 때 듣는 사람은 다른 곳을 바라봅니다. 듣는 사람과 말하는 사람의 역할을 바꾸어 이야기합니다.
   ② 한 사람이 (함께 놀았던 친구에 대해) 말할 때 듣는 사람이 바라봅니다. 듣는 사람과 말하는 사람의 역할을 바꾸어 이야기합니다.
   ③ 한 사람이 (숙제에 대해) 말할 때 듣는 사람이 바라보며, 고개를 끄덕이고 알맞게 호응하는 말을 해 봅니다. 듣는 사람과 말하는 사람의 역할을 바꾸어 이야기합니다.
3. 세 가지 태도에 관한 각각의 느낌을 이야기합니다.

"경청은 ①, ②와 같이 단순히 듣는 것이 아니라 ③처럼 상대방의 말을 이해하고 공감하며 적극적으로 참여하는 것을 의미해요. 경청은 의사소통의 기본이고, 상대방에게 존중과 관심을 표현하는 방법이에요. 경청은 새로운 정보와 지식을 습득할 수 있을 뿐만 아니라, 서로 입장을 이해하고 협력을 촉진할 수 있는 개인의 성장에 꼭 필요한 기술이에요."

03 마무리

- **정리 및 소감 나누기**

1. 좋았던 것, 배운 것, 아쉬웠던 것, 다음 시간에 바라는 것을 나눕니다.
2. 듣기의 중요성에 대해 설명하며 마무리 합니다.

04
활동지 4-1 설명 따라 그리기

1.
종이를 가로로 놓아주세요.
오른쪽 위에 동그라미를 그리세요.
왼쪽 아래에 세모를 그리세요.
세모와 동그라미 사이에는
큰 네모를 그리세요.

2.
종이를 가로로 놓아주세요.
종이의 중앙에 큰 별을 그리세요.
별의 오른쪽 비어있는 공간 가운데에
처음 그린 중앙의 별보다 작은 별을
하나 더 그리세요.

3.
종이의 아래쪽에 네모를 그려
집의 몸체를 만들고,
위에 삼각형을 그려
지붕을 만듭니다.
집의 한쪽에 문과 창문을
추가하세요.

4.
종이의 중앙 아래에 직사각형을
그려 나무의 줄기를 만들고,
위에 큰 동그라미나
작은 동그라미를
여러 개 그려 나무의 잎을
표현하세요.

5.

종이를 가로로 놓아주세요.
종이의 중앙에 큰 동그라미를 그려
얼굴을 만들고, 안에 두 개의
작은 동그라미로 눈을,
작은 선으로 코와
웃는 입을 그리세요.

6.

종이를 가로로 놓아주세요.
종이의 중앙에 큰 동그라미를 그려
머리를 만들고, 그 위에 두 개의
작은 삼각형을 그려 귀를 표현합니다.
얼굴 안에 눈, 코, 수염을 그리세요.
몸통으로 작은 타원을 그린 후,
네 개의 다리를 추가하세요.

7.

종이를 세로로 놓아주세요.
종이의 오른쪽 위에 큰 동그라미를
그려 해를 만들고, 주위에 여러 개의
선을 그려 햇살을 표현합니다.
해의 옆에 여러 개의
작은 동그라미로 구름을 표현하세요.

8.

종이를 가로로 놓아주세요.
종이 중앙에 동그라미를 그리세요.
동그라미 오른쪽에 위를 향하게 하는
화살표를 그리고 그 위에
하트모양을 그려주세요.

04 활동지 4-2　이야기 이어가기 게임

난이도-중

| 숲속 | 바닷 속 | 운동장 |
| 장소를 나타내는 표현 | 장소를 나타내는 표현 | 장소를 나타내는 표현 |

| 동민 | 주희 | 고양이 |
| 등장인물을 나타내는 표현 | 등장인물을 나타내는 표현 | 등장인물을 나타내는 표현 |

| 행복한 결말 이야기 | 따듯한 마음의 주인공 이야기 | 위기를 극복한 이야기 |
| 이야기 주제 | 이야기 주제 | 이야기 주제 |

난이도-상

| 장소 | 등장인물 | 이야기 주제 |

의사소통편

04

활동지 4-3 가라사대 게임: 친구들에게 말할 지시문을 만들어요.

감사의 씨앗!
행복의 나무!

01 목적 감사의 중요성 알기

02 목표 감사의 중요성을 이해하고, 일상 속 감사를 찾아 표현하는 것을 익힌다.

감사하는 마음을 가족, 친구 등 주변 사람들과 나누는 방법을 실천한다.

03 준비물 아동용 활동지, 색 펜이나 색연필, 필기구, 가위, 풀

활동내용

01 도입

- **경청했던 경험 나누기**
  - 지난 일주일 동안 경청의 태도를 보여주었던 주변 사람과 상황에 대해 나눕니다.
- **아이스브레이킹 활동하기**
  ⇒ [부록]의 아이스브레이킹 활동을 선택해도 좋아요.

02 전개

- **감사릴레이**

1. 모두가 원을 이루고 앉아 선생님이 먼저 감사의 말을 전합니다.
   한 사람씩 돌아가면서 감사의 말을 전합니다.
2. 아동이 행복한 순간, 신나는 기억, 좋았던 것을 떠올리고, 그 추억과 함께했던 사람을 떠올려 긍정적인 감정과 감사를 표현합니다.
   - 예) 지난 주 맛있는 만두를 사 주셔서 엄마에게 감사해요.
     3학년 때 짝꿍이 친절하게 대해줘서 고마웠어요.
3. 이 활동을 통해 감사한 일이 많음을 알게하고, 자연스럽게 감사의 말을 주고받을 수 있도록 연습합니다.

"감사는 개인의 정신적, 신체적 건강뿐만 아니라 사회적 관계와 전반적인 삶의 질 향상에 긍정적인 효과가 있어요."

- 정신적 건강과 신체적 건강 개선: 감사하는 사람들은 더 건강한 생활 습관을 유지하고, 면역력이 강화되며, 수면의 질이 향상되는 경향이 있어요.

- 사회적 관계 강화: 감사는 인간관계를 강화시키는 중요한 요소예요. 감사의 표현은 타인과의 신뢰와 유대감을 증진시켜요.

- 자존감 향상: 감사를 통해 자신의 삶의 긍정적인 측면을 인식하게 되면, 자존감이 높아지고 자기 가치감을 느껴요.

- 스트레스 감소: 감사를 표현하면 스트레스 호르몬인 코르티솔의 수치가 감소하고, 심리적 긴장이 완화돼요.

- 긍정적인 행동 촉진: 감사를 실천하는 사람들은 더 친절하고 이타적인 행동을 하게 되며, 이는 사회 전체에 긍정적인 영향을 미쳐요.

- 회복탄력성 강화: 감사는 어려운 상황에서 긍정적인 면을 찾는 데 도움이 되며, 이를 통해 어려움을 극복하는 탄력성이 강화돼요.

- 전반적인 삶의 만족도 증가: 감사하는 태도를 지속적으로 유지하면 삶의 전반적인 만족도가 높아지며, 행복감을 더 자주 느낄 수 있어요.

- 감사의 표현은 간단하지만, 그 효과는 매우 강력하여 일상 생활에서 긍정적인 변화를 가져올 수 있어요.

- **감사 나무 만들기**

1. 아동의 수에 해당하는 종이에 모든 아동의 이름을 적은 후 접고, 그 중 하나를 선택한 후 마니또를 정합니다.
2. 종이에 나무를 그리고, 나뭇잎 모양의 종이 2장에 마니또에게 감사한 내용 각각 적어 나무에 붙입니다. 지난 회기까지의 마니또의 말이나 행동에서 장점과 칭찬을 찾아 감사하는 마음을 표현하도록 지도합니다.
3. 나의 마니또가 누구인지 알아맞혀 봅니다.
4. 모두가 함께 만든 감사 나무를 벽에 붙이고, 매회기 새롭게 추가하도록 합니다.

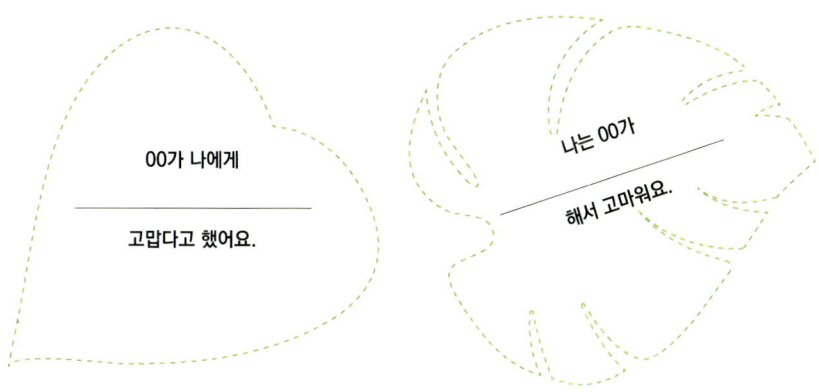

- **상황극을 통한 감사**

1. 친구에게 감사의 말을 전하는 상황을 설정하고, 아동이 역할극을 통해 실제 감사의 말을 연습합니다.
2. 친구들이 말한 상황에 맞는 감사의 말 중에 마음에 들고, 자신이 사용할 수 있는 것이 무엇인지 표현하도록 합니다.
   - 예) 생일 파티에 와 준 친구에게 감사 인사하기
     색연필을 빌려 준 친구에게 감사 표현하기
     화장실에서 나를 기다려 준 친구에게 감사하기

"감사와 호르몬의 변화는 밀접하게 연관되어 있으며, 감사의 실천은 여러 가지 호르몬의 변화를 통해 신체와 정신 건강에 긍정적인 영향을 미친다고 알려져 있어요. 다음은 감사가 호르몬에 미치는 주요 영향이에요."

- 세로토닌 증가: 세로토닌은 기분 조절에 중요한 역할을 하는 신경전달물질이에요. 감사를 표현하면 세로토닌 수치가 증가하여 행복감과 안정감을 느끼게 되고, 이는 우울증과 불안감을 줄이는 데 도움이 돼요.

- 옥시토신 분비: 옥시토신은 '사랑 호르몬' 또는 '유대 호르몬'으로 알려져 있으며, 사회적 유대감과 신뢰를 강화해요. 감사의 표현은 옥시토신의 분비를 촉진하여 다른 사람들과의 관계를 더욱 친밀하게 만들어요.

- 도파민 활성화: 도파민은 보상과 동기 부여 시스템에 관여하는 신경전달물질이에요. 감사하는 행동은 도파민 분비를 촉진하여 기쁨과 만족감을 느끼게 하고, 긍정적인 행동을 강화시켜요.

- 코르티솔 감소: 코르티솔은 스트레스 호르몬으로, 높은 수치의 코르티솔은 만성 스트레스와 관련된 여러 건강 문제를 유발할 수 있어요. 감사를 실천하면 코르티솔 수치가 감소하여 스트레스 수준이 낮아지고, 전반적인 신체적 건강이 개선될 수 있어요.

- 엔도르핀 분비: 엔도르핀은 신체의 자연 진통제로, 긍정적인 감정을 촉진하고 통증을 완화하는 역할을 해요. 감사의 표현은 엔도르핀 분비를 촉진하여 행복감을 증가시키고 스트레스를 줄이는 데 도움이 돼요.

03 마무리

- **정리 및 소감 나누기**
1. 좋았던 것, 배운 것, 아쉬웠던 것, 다음 시간에 바라는 것을 나눕니다.
2. 감사함을 표현해야 하는 이유에 대해 나누고 마무리 합니다.

04
활동지 5-1 감사 내용 적기

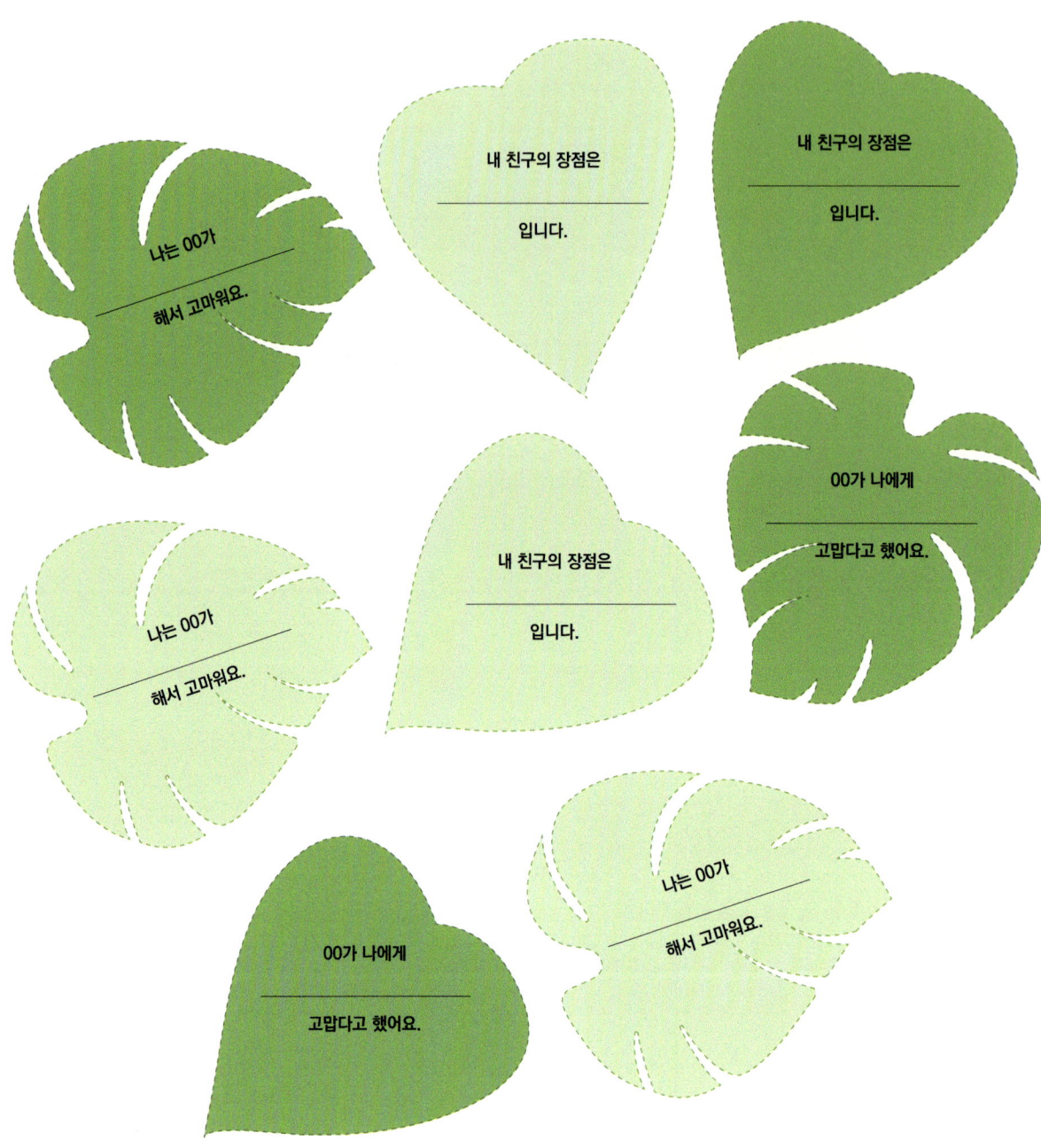

04

활동지 5-2 감사 나무 만들기: 앞 장에서 만든 나뭇잎을 붙여보세요.

04
활동지 5-3 감사 카드 만들기

친구의 마음을 여는 열쇠!

01 목적   사과하는 방법 이해

02 목표   사과의 중요성과 사과의 긍정적 결과를 이해한다.

진정한 사과의 방법을 배운다.

친구의 사과를 받아들이고 용서하는 법을 배우며, 이해와 **공감을 통해**

긍정적인 관계를 유지한다.

03 준비물   아동용 활동지, 색 펜이나 색연필, 필기구, 감정카드

활동내용

01 도입

- **감사를 표현했던 경험 나누기**
  - 지난 일주일 동안 감사했던 사람이나 상황에 대해 나눕니다.
- **아이스브레이킹 활동하기**
  ⇒ [부록]의 아이스브레이킹 활동을 선택해도 좋아요.

02 전개

- **동화를 통한 사과의 이해**

1. 사과와 관련된 동화나 이야기를 들려주고, 아동이 느낀 점을 이야기하게 합니다.
2. 느낀 점을 말할 때 자신의 감정을 나타내는 감정카드를 찾아봅니다.
3. 이야기를 통해 사과의 중요성을 이해하고, 자신의 경험을 나누는 시간을 가집니다.

"사과는 개인 간의 관계에서 중요한 역할을 하며, 책임감 표현, 관계 회복, 감정 표현, 자기 성장, 사회적 규범 준수, 도덕적 책임, 신뢰 구축, 갈등 예방 등을 위해 필요해요."

> 이야기

토끼와 거북이의 화해

옛날에 토끼와 거북이는 아주 좋은 친구였어요. 하지만 어느 날, 작은 오해로 둘 사이에 갈등이 생겼어요.

하루는 토끼와 거북이가 숲속에서 함께 놀고 있었어요. 토끼는 빠르게 뛰어다니며 여러 가지 게임을 하자고 제안했지만, 거북이는 느리게 걷는 걸 좋아했어요. 토끼는 거북이가 너무 느리다고 생각하고는 장난스럽게 이렇게 말했어요.

"거북아, 넌 정말 느려! 날 따라오려면 한참 걸리겠네!"

거북이는 토끼의 말을 듣고 기분이 나빴어요. 토끼가 자신을 놀린 것 같아 속상했거든요. 거북이는 토끼에게 솔직하게 말했어요.
"토끼야, 난 내 속도로 가는 게 좋아. 네가 그렇게 말하니 속상해."
토끼는 거북이가 자신의 말에 상처받았다는 걸 알게 되자 마음이 무거워졌어요.
다음 날, 토끼는 거북이에게 사과하기로 결심했어요.
그는 예쁜 꽃다발을 준비해 거북이 집으로 갔어요.
"거북아, 어제 내가 한 말 때문에 속상했다면 정말 미안해. 난 그냥 장난친 거였어. 너의 느린 걸음도 멋지다고 생각해. 앞으로는 조심할게. 우리 다시 친구가 될 수 있을까?"
거북이는 토끼의 진심 어린 사과를 듣고 미소 지으며 대답했어요. "고마워, 토끼야. 네가 사과해줘서 고마워. 나도 네 장난을 너무 심각하게 받아들였어. 우리 다시 좋은 친구가 되자!"
토끼와 거북이는 손을 잡고 함께 놀기 시작했어요. 이번에는 서로의 걷는 속도와 방법을 존중하며, 더 가까워진 친구가 되었어요.
그리고 그날 이후, 토끼와 거북이는 서로의 다름을 이해하고 존중하며 더 깊은 우정을 쌓아갔답니다.

- **사과 카드 만들기**

1. 아동에게 사과의 마음을 담은 카드를 만들게 합니다.
2. 각자가 만든 카드를 친구에게 주며(카드의 주인이 집단의 친구가 아니면 대신 선생님이 대상이라고 생각하고 전달), 카드에 적힌 내용을 직접 말로 표현하게 합니다.
3. 사과 카드를 받거나 사과의 말을 들은 친구는 적절한 대답을 해줍니다.

- 사과의 구성요소
    1) 자신의 잘못을 인정하기
    2) 피해를 입은 상대의 감정을 이해하기
    3) 행동을 고치겠다고 약속하기

아동이 친구에게 사과할 때, 구성요소가 다 있는지 생각해보고 적용하도록 지도해 주세요.

- **사과 연습하기**

1. 두 명이 짝이 되어 역할극을 합니다.
2. 역할을 한 후 자신이 맡은 역할과 상대 역할의 마음이 어떨지 나눕니다.

상황 1

- 실수 했을 때

(영수가 실수로 동생 진수의 장난감을 망가뜨렸어요.)

영수: (걱정스럽게) "진수야, 정말 미안해. 네 장난감을 실수로 망가뜨렸어."

진수: (슬프게) "어떡해. 그 장난감은 정말 내가 좋아하는 거야."

영수: (진심으로) "네 마음이 얼마나 속상할지 알아. 엄마께 새 장난감을 사달라고 말해볼게. 다음에는 조심할게."

상황 2

- **약속을 어겼을 때**

(주희가 민아와 약속한 놀이 시간을 잊어버리고 다른 친구와 놀았어요.)
주희: (미안해하며) "민아야, 정말 미안해.
　　　오늘 너와 놀기로 한 약속을 잊었어."
민아: (서운한 마음으로) "너와 함께 놀기를 정말로 기대했는데."
주희: (진심으로) "내가 실수했어. 다음번엔 절대 잊지 않을게.
　　　주말에 나랑 놀 수 있어?"

(연수가 재준이와 함께 숙제를 하기로 했지만, 혼자 했어요.)
연수: (미안해하며) "재준아, 미안해. 우리가 같이 하기로 한 숙제를
　　　혼자 해버렸어."
재준: (서운한 마음으로) "나는 함께하고 싶었는데."
연수: (진심으로) "내가 잘못했어. 다음번에는 꼭 같이 하자."

상황 3

- 무례한 말을 들었을 때

(채원이가 화가 나서 수아에게 무례한 말을 했어요.)

채원: (후회하며) "수아야, 어제 내가 화가 나서 너에게 기분 나쁘게 말한 것 정말 미안해."

수아: (화나면서도 실망한 표정) "너의 말에 많이 상처받았어."

채원: (진심으로) "네 마음이 아팠을 것 같아. 내가 잘못했어. 앞으로는 말을 조심할게."

> 상황 4

- **실수로 밀쳤을 때**

(영수가 복도에서 실수로 호진이를 밀쳤어요.)
영수: (걱정스럽게) "호진아, 아프지 않니? 내가 실수로 너를 밀쳤어. 정말 미안해."
호진: (당황하고 살짝 아픈 표정) "조금 아팠어, 하지만 괜찮아."
영수: (진심으로) "미안해. 내가 너무 급했어. 앞으로는 조심할게."

03 마무리

- **정리 및 소감 나누기**

1. 좋았던 것, 배운 것, 아쉬웠던 것, 다음 시간에 바라는 것을 나눕니다.
2. 사과할 때 중요한 것은 무엇인지 함께 논의하고 마무리 합니다.

04
활동지 6-1 사과 카드 만들기

04
활동지 사과 연습하기
6-2

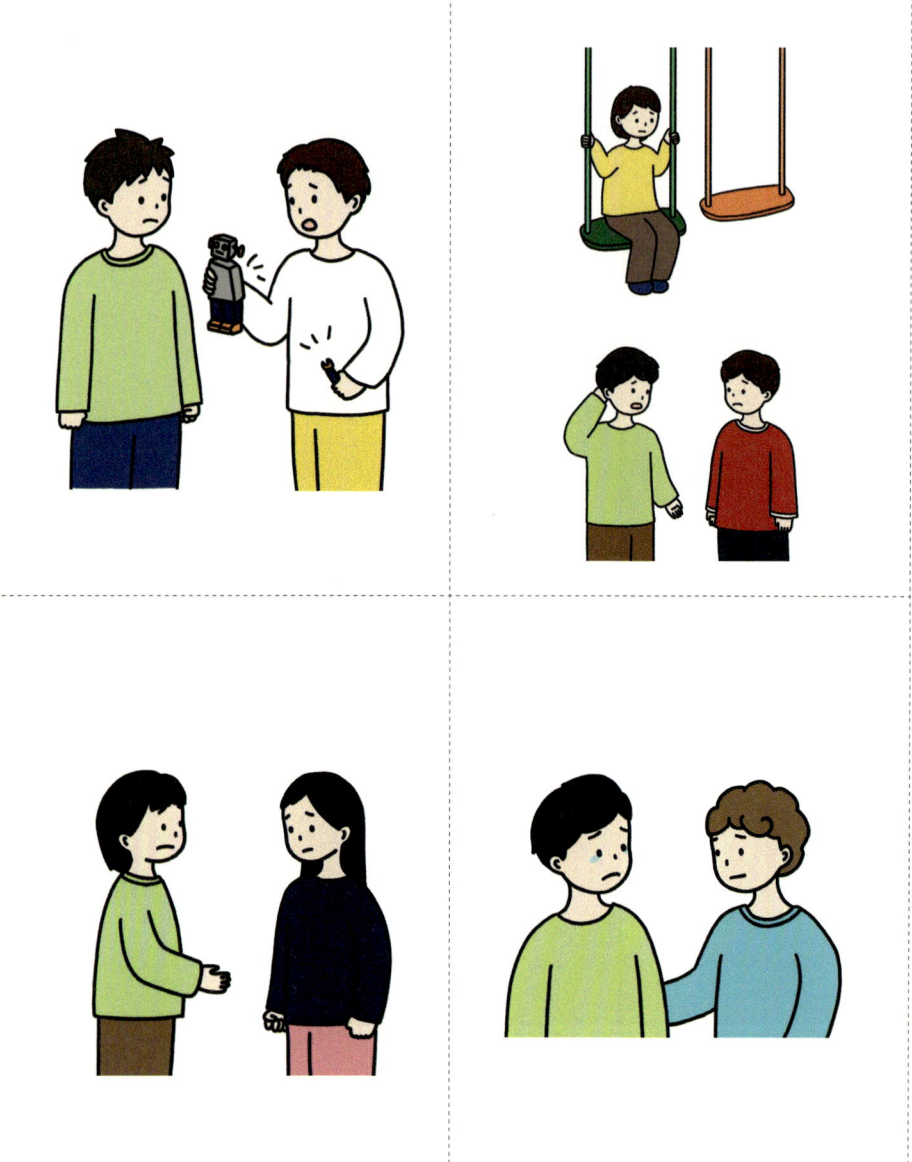

상황별 대화의 기술!

01 목적 상황에 맞게 말하기

02 목표 자신의 생각과 감정을 명확하고 효과적으로 전달하는 방법을 배운다.

말하기 연습을 통해 청자의 반응을 이해하고, 상황에 맞게 말하는 방식을 연습한다.

03 준비물 아동용 활동지, 색 펜이나 색연필, 도화지(또는 A4용지), 감정카드

활동내용

01 도입

- **사과했던 경험 나누기**
  - 지난 일주일 동안 사과했던 경험을 나눕니다.
- **아이스브레이킹 활동하기**
  ⇒ [부록]의 아이스브레이킹 활동을 선택해도 좋아요.

02 전개

- **역할극(Role Play)**

1. 다양한 상황을 설정하고 아동들에게 역할을 나누어 줍니다. 예를 들어, 편의점에서 물건 사기, 친구에게 함께 놀기 제안하기, 물건 빌리기 등의 상황을 연출합니다.
2. 이런 상황에서 어떻게 말해야 할지 대본을 적어, 아동이 대본을 읽거나 자신의 말로 표현하게 합니다.
3. 역할극을 통해 다양한 상황에서 어떻게 말하고 반응해야 하는지를 연습합니다.

주제 친구에게 함께 놀기 제안하기

1. 기본 인사: 안녕?
2. 허락 구하기: 오늘 놀 수 있어? / 시간 괜찮아?
3. 놀이 제안하기: 같이 놀래? / 놀이터에서 놀자! / 우리 집에서 놀까?
4. 활동 제안하기: 우리 같이 축구하자. / 우리 함께 게임할래?
5. 관심 확인하기: 너는 하고 싶은 거 있어? / 뭐 좋아해?

그 밖에 내가 표현하고 싶은 것:

"친구에게 제안을 한 후 상대방의 반응을 존중해 주는 것은 중요해요. 혹시 친구가 안된다고 하면, "괜찮아, 나중에 놀자." / "다음에 꼭 같이 놀자."라고 응대할 수 있게 설명해 주세요. 그리고 상대방의 기분을 고려해서 "지금 바쁘면 다음에 해도 돼." / "네가 좋을 때 말해줘."라고 말해주면 좋아요."

주제 물건 빌리기

1. 기본 인사: 안녕?
2. 친구의 상황 이해하기: 네가 지금 안 쓰고 있다면, 부탁이 있어. / 혹시 괜찮다면 부탁해도 될까?
3. 요청하기: 나 색연필 좀 빌려줄래? / 네 색연필을 잠깐 쓸 수 있을까?
4. 감사하기: 고마워! / 정말 고마워, 잘 쓸게!
5. 정중한 거절 수용하기: 괜찮아, 다음에 빌릴게. / 고마워, 그래도 괜찮아.

그 밖에 내가 표현하고 싶은 것:

- **설명하기**

1. 아동이 좋아하는 활동이나 취미에 대해 다른 친구들에게 설명하도록 합니다. 예를 들어, '레고 조립 방법', '좋아하는 게임하는 방법', '특정 요리 만드는 방법' 등을 설명하게 합니다.

    - 자기 소개: 안녕, 나는 OOO야.
    - 취미(활동) 소개: 내가 좋아하는 취미는 OOO이야.
    - 이유 설명: 내가 OOO을 좋아하는 이유는 _____야.
    - 취미(활동)에 대한 설명: OOO은 _____할 수 있어. / 나는 OOO을 [언제/어디서/어떻게] 즐겨.

2. 설명하는 과정에서 논리적으로 말하는 연습을 할 수 있습니다.

- **쇼 앤 텔(Show and Tell)**

1. 자신이 좋아하는 물건을 그리고, 그 물건에 대해 이야기하게 합니다.
   예) 좋아하는 물건의 이름 → 좋아하게 된 이유 → 좋아하게 된 시기 → 물건과의 추억 → 물건의 사용법이나 장점의 순으로 이야기하면 좋아요.
2. 자신 있는 주제로 말하기 연습을 할 수 있습니다.

- **토론활동** 난이도-중

1. 간단한 주제를 가지고 자신의 의견을 표현하는 토론을 진행합니다.
   예를 들어, "현장학습은 어디로 갈까요?"와 같은 주제로 토론합니다.
2. 현장학습으로 가고 싶은 곳과 이유를 생각한 후 말하게 합니다.
3. 논리적 사고와 의견을 표현하는 능력을 기를 수 있습니다.

- **토론활동** 난이도-상

1. 간단한 주제를 가지고 자신의 의견을 표현하는 토론을 진행합니다.
   예를 들어, '학교에서의 환경보호'와 같은 주제로 토론합니다.
2. 연꽃기법을 활용하여 활동지의 중앙에 주제를 적고 가까운 칸에 아동의 의견을 쓴 후, 이유를 말하게 합니다.
3. 논리적 사고와 의견을 표현하는 능력을 기를 수 있습니다.

"연꽃기법은 아이디어, 문제, 주제 등을 3x3 표에 배열하여 구조화된 아이디어를 생성하는 창의적 사고기법이에요. 가운데 칸에 핵심 아이디어를 적고, 둘러싸고 있는 연꽃잎과 유사한 8개의 칸에 핵심 아이디어와 관련 있는 것들을 적어요."

주제 현장학습 어디로 갈까?

가고 싶은 곳	이유
놀이공원	친구들과 놀이기구를 타며 즐거운 시간을 보내고 싶어서

주제 학교에서의 환경보호

	주제	

	주제	

03 마무리

- **정리 및 소감 나누기**

1. 좋았던 것, 배운 것, 아쉬웠던 것, 다음 시간에 바라는 것을 나눕니다.
2. 말할 때 주의해야 할 점들에 대해 함께 설명하며 마무리 합니다.

04

활동지 7-1 연꽃기법 활용하기

	주 제	

	주 제	

SNS에서도 예의 바른 행동이 필요해요!

01 목적 올바른 SNS 예절 배우기

02 목표 온라인 상에서 다양한 상황이 있음을 이해한다.

온라인 상에서 필요한 예의 바른 행동에 대해 생각하고 표현해 본다.

03 준비물 아동용 활동지, 색 펜이나 색연필, 가위

활동내용

01 도입

- **상황에 맞게 말한 경험 나누기**
  - 지난 일주일 동안 상황에 맞게 말한 경험에 관해 나눕니다.
- **아이스브레이킹 활동하기**
  ⇒ [부록]의 아이스브레이킹 활동을 선택해도 좋아요.

02 전개

1. 제시된 대화 내용에 대해 이해하고 필요한 카드를 찾아보세요.
2. 온라인상에서 어떤 예절이 필요한지 서로 이야기를 나눠요.

상황 1 카톡대화 내용

수진이 / 오후 3:50

수진이: 야! 병우야! 너 내 허락도 없이 나랑 같이 찍은 사진을 단톡방에 올리면 어떻해?

뭐 그럴수도 있지. 우리는 친구잖아!

수진이: 나 단톡방에 내 사진이 올라와서 깜놀했어. 사진 지워줄래?

수진이: 나는 사진 올리는 거 별로 않좋아해!

이미 다른 애들은 캡처했을걸?

수진이: 야!! 뭐라고????

상황 2 인별그램 내용

happystar_0527

좋아요 8개
happystar_0527 #내 친한친구 # 김영우 # 한걸음초등학교
3학년 2반 # 우정아파트 102동 504호
#010 1234 5678 #영원히 함께하자

kyw: 헉! 내 전화번호 공개라니.
lae: 김영우한테 장난 전화 해야겠다......ㅋㅋㅋ
shm: 영우 우정아파트 사는구나! 우리옆 아파트네?

댓글 6개 모두 보기

상황 3 카톡대화 내용

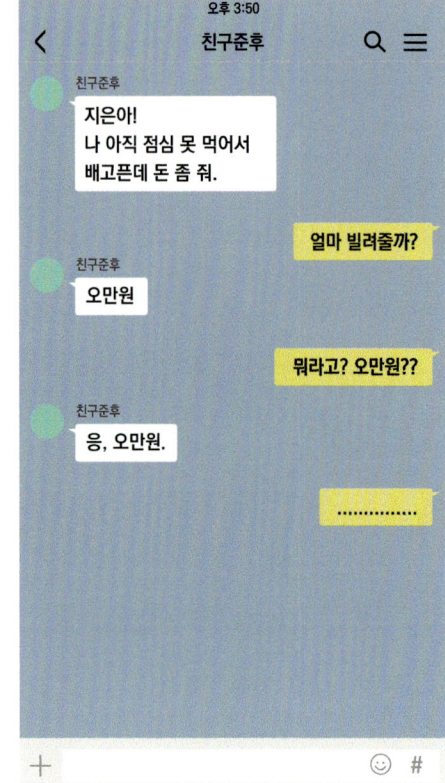

상황 4 그룹카톡대화 내용

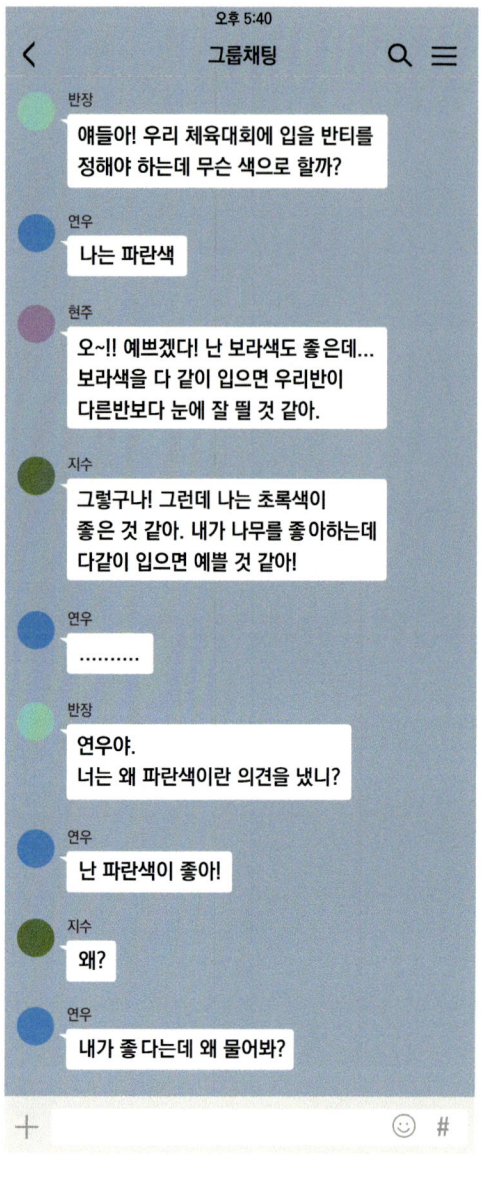

03 마무리

- 정리 및 소감 나누기

1. 좋았던 것, 배운 것, 아쉬웠던 것, 다음 시간에 바라는 것을 나눕니다.
2. 온라인 예절에 관하여 이야기를 나누고 마무리 합니다.

"예의 있는 행동은 다른 사람들을 존중하고 배려하는 마음이라는 것을 알려주세요. 얼굴이 보이지 않는 온라인에서도 상대방과의 소통을 원활하게하기 위해 예의 있게 행동해야 하는 것에 대한 중요함을 강조해 주세요!
예의 있는 행동을 하면 모두가 기분이 좋아지고, 불필요한 문제를 피할 수 있고, 서로 돕는 것이 쉬워질 수 있다는 것도 알려주세요!"

04
활동지 8-1

친구들을 존중해야 해.
다른 사람의 생각과 느낌을
이해하고 존중해야 해.

좋은 말을 사용하고 친절하게 행동해야 해.
다른 사람에게 무례한 말이나 나쁜 말을
쓰면 상처를 줄 수 있어.

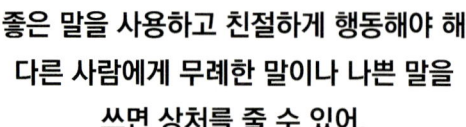

개인 정보를 잘 보호해야 해.
학교 이름, 주소, 전화번호 등을 SNS에
공개하지 않는 게 중요해.

남에게 도움이나 칭찬을 줄 때는
진심을 다해야 해. 거짓말을 하거나
놀리는 말은 좋지 않아.

온라인에서도 안전하게 행동해야 해.
모르는 사람들에게 개인 정보를
알려주지 않도록 주의해야 해.

다른 사람의 사진이나 글을 가져다
쓸 때에는 꼭 허락을 받아야 해. 무단으로
가져다 쓰면 상대방이 상처를 받을 수 있어.

온라인에서는 거짓 정보나 유언비어를
퍼뜨리지 않도록 주의해야 해.
진실을 중요시하고
사실에 기반한 글을 올려야 해.

소통하는 동안에는 언제나 친절하고
배려심 있게 대해야 해. 상대방의 의견을
존중하고, 화를 내거나 공격적인 언어를
사용하지 않도록 주의해야 해.

04 활동지 8-2 온라인 예절에 맞는 카드를 찾아 붙여보세요.

오후 3:50 — 수진이

수진이: 야! 병우야! 너 내 허락도 없이 나랑 같이 찍은 사진을 단톡방에 올리면 어떻해?

뭐 그럴수도 있지. 우리는 친구잖아!

수진이: 나 단톡방에 내 사진이 올라와서 깜놀했어. 사진 지워줄래?

수진이: 나는 사진 올리는 거 별로 않좋아해!

이미 다른 애들은 캡쳐했을걸?

수진이: 야!! 뭐라고????

카드 붙이기

의사소통편

카드 붙이기

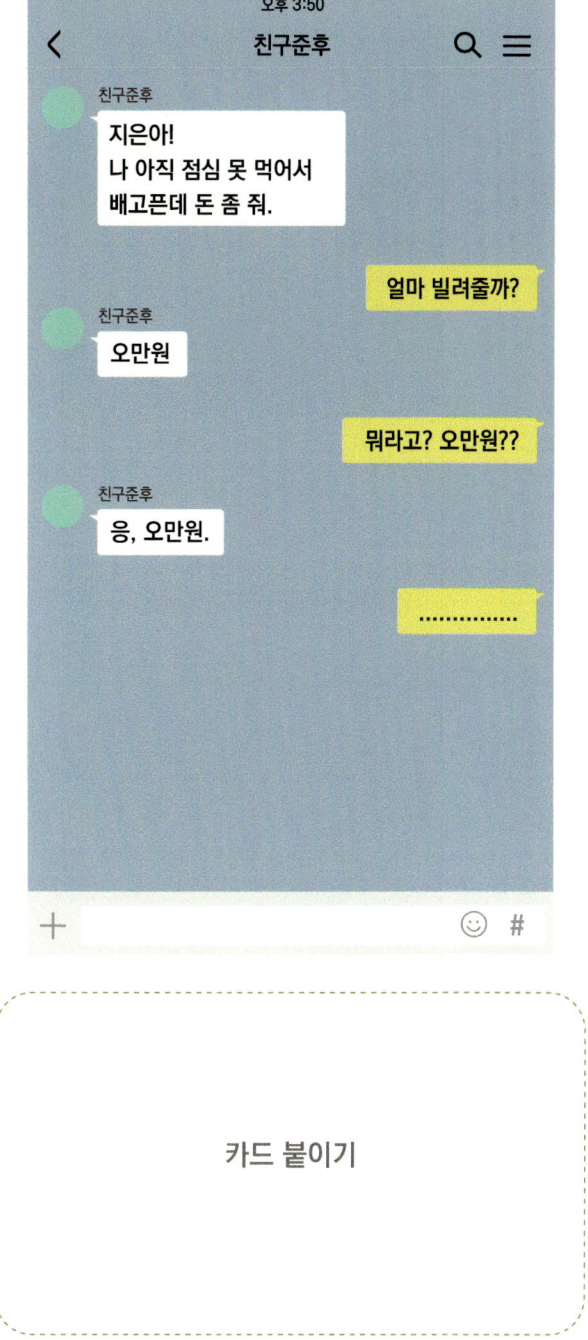

카드 붙이기

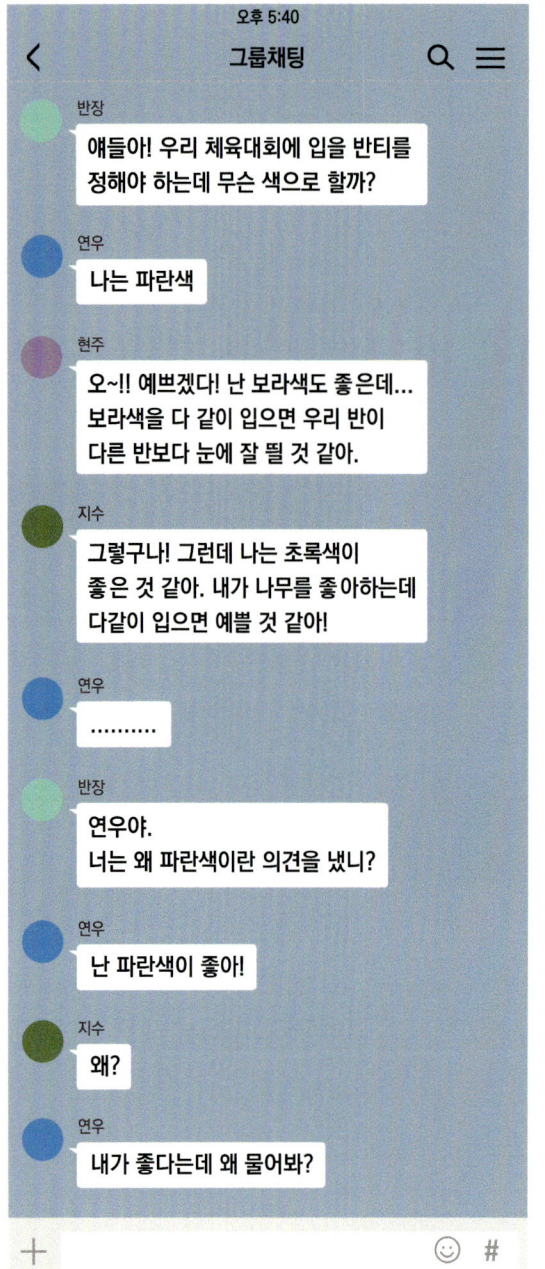

카드 붙이기

88 의사소통편

지켜야 하는 것들이 있어요!

01 목적   또래 관계에서 지켜야 하는 규칙 이해하기

02 목표   허락의 중요성을 이해하고 행동할 수 있다.

공공질서를 지키는 것에 대한 중요성을 이해한다.

다양한 상황에 대한 예절을 알고 표현한다.

03 준비물   아동용 활동지, 색 펜이나 색연필, 가위, 풀

활동내용

01 도입

- **SNS 예절을 지킨 경험 나누기**
  - SNS 예절을 지난 주 배운 후 바뀐 생활에 대해 이야기를 나눕니다.
- **아이스브레이킹 활동하기**
  ⇒ [부록]의 아이스브레이킹 활동을 선택해도 좋아요.

- **상황에 맞는 이모티콘을 고르기**

1. 이모티콘 6개를 준비합니다.
   (기쁨 / 슬픔 / 놀람 / 화남 / 신뢰 / 공포)
2. 선생님이 감정카드의 상황문을 읽어줍니다.
3. 해당하는 이모티콘을 친구의 의견을 참고하지 않고 스스로 고릅니다.
4. 옆 친구와 이모티콘을 확인하고 이야기를 나누어 봅니다.

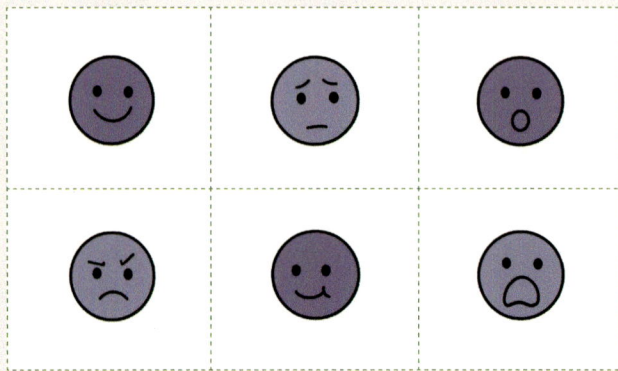

 "참여 아동들이 이모티콘을 동시에 고를 수 있도록 사인을 주세요. 친구와 내가 고른 이모티콘이 다르더라도, '틀림'이 아니라 '다름'이라는 것을 알려주세요."

02 전개

- **상황에 맞게 말하기** 난이도-중

1. 짝꿍과 함께 활동지를 자릅니다.
2. 활동지를 펼쳐놓고 내용에 맞게 붙입니다.
3. 연결된 내용이 적절한지 확인합니다.
4. 역할을 나누어 짝꿍과 역할극을 합니다.

- **역할극** 난이도-상

1. 다양한 장소가 쓰여있는 카드를 뽑습니다.
   (병원 / 마트 / 도서관 / 식당 / 학원 / 급식실 또는 아동이 원하는 장소)
2. 공공시설에서 지켜야 할 예절에 대해 각각 포스트잇에 한 가지씩 여러 장을 작성합니다.
3. 아동들이 쓴 포스트잇을 모아 비슷한 것끼리 분류합니다.
4. 대표하는 내용을 활동지에 씁니다.
5. 집단원 중 기자가 되고 싶은 아동을 선출합니다.

"기자가 되고 싶은 아동이 여러 명일 경우 그룹원끼리 어떤 방법으로 선출할 것인지 토의하고 선출 방법을 결정할 수 있도록 도와주세요. 아동들이 의견을 내지 못할 경우, 교사가 정해주기보다는 보기를 주고 아동들이 선택할 수 있도록 지도해요."

6. 선출된 기자가 마이크를 들고 질문하면 다른 친구들은 인터뷰이가 되어 활동지에 쓴 내용에서 골라 대답하며 역할극을 한다.

"역할극은 연습을 통해 다양한 문제 상황의 해결 방법을 찾을 수 있고, 협력하고 소통하는 방법을 배울 수 있어요. 새로운 상황에서도 자신감 있게 대처할 수 있는 효능감을 키우는 좋은 활동이에요."

03 마무리

- 정리 및 소감 나누기

1. 좋았던 것, 배운 것, 아쉬웠던 것, 다음 시간에 바라는 것을 나눕니다.
2. 공공시설에서 예의 있는 행동이 왜 중요한지 말해보고 마무리합니다.

04 활동지 9-1　상황에 맞게 말하기

친구가 내 허락 없이 가위를 사용할 때	누나! 내가 말하고 있었는데 중간에 말을 끊어서 속상해.
동생이 내가 선물 받은 장난감을 만질 때	내 가위를 사용할 때는 먼저 허락을 받았으면 좋겠어. 내가 사용하려고 했는데 없어서 당황스러웠어.
내가 이야기를 하고 있는데 누나가 중간에 말을 끊을 때	그 장난감은 내가 선물 받은 소중한 거야.
형이 나에게 나쁜 말이나 욕을 할 때	나도 같이 놀고 싶어. 함께해도 될까?
놀이 시간에 친구가 차례를 지키지 않을 때	형! 나쁜 말을 들으니 내가 화가 나! 나한테 나쁜 말 하지 말아줘!
친구가 나를 소꿉놀이에 제외시킬 때	네가 소리를 질러서 깜짝 놀랐어!
친구가 크게 소리를 지를 때	내 차례야! 지난 번에는 내가 양보했지만 오늘은 내가 먼저 하고 싶어. 좀 비켜줄래?

상황	표현

04 활동지 9-2　역할극 장소 카드

병원	마트
도서관	식당
학원	급식실
공공시설	

공공시설에서 지켜야 할 예절 중 공통되는 내용을 모은 포스트잇의 대표 내용을 적어보세요.

대표 내용 1	
대표 내용 2	
대표 내용 3	
대표 내용 4	
대표 내용 5	
대표 내용 6	
대표 내용 7	
대표 내용 8	

도움을 줄 수도 받을 수도 있어요!

01 목적 서로 돕는 것에 대한 즐거움 알기

02 목표 도움 받을 때 감사 인사를 전할 수 있다.

 도움 줄 때의 즐거움을 안다.

03 준비물 아동용 활동지, 색 펜이나 색연필, 가위, 셀로판 테이프

활동내용

01 도입

- **공공기관 예절을 지킨 경험 나누기**
  - 지난 일주일 동안 공공기관에서 예절을 지킨 경험을 나눕니다.
- **아이스브레이킹 활동하기**
  ⇒ [부록]의 아이스브레이킹 활동을 선택해도 좋아요.

의사소통편

- **첫인상 스티커 만들기**

1. 한 명을 지목하여 그 친구의 특징을 표현하는 단어를 생각하여 (매력왕! 친절여왕! 꿀 목소리! 등) 동그란 스티커에 적습니다.
2. 모든 친구의 스티커를 만듭니다.
3. 돌아다니면서 친구 등에 붙여주며 긍정적 인상을 표현합니다.

02 전개

- **짝꿍과 함께 대화 글 만들기**

1. 여러 상황 그림을 선택하여 짝꿍과 대화 글 만들기

    - 상황 그림 1. 목발 짚는 친구를 도와주는 친구 그림
    - 상황 그림 2. 체험활동 시간에 텐트 치는 그림
    - 상황 그림 3. 현장학습에서 모둠별 이동을 하는 그림
    - 상황 그림 4. 실수로 친구에게 급식판이 엎어지는 그림
    - 상황 그림 5. 넘어진 친구에게 손을 내밀어 도와주는 그림

"대화 글을 만들 때에는 열린 질문을 하는 것이 좋아요. 열린 질문은 '네/ 아니오'로 대답하는 질문이 아닌 본인의 생각이나 느낌, 설명이 필요한 질문을 말해요. 아동들이 활동 하기 전에 예시를 보여주면 도움이 돼요."

- **프로그램 복습 활동**

1. 9회기까지의 활동을 복습해요. 활동에서 기억이 나거나 좋았던 점, 생활에 직접 적용한 경험 등을 이야기 나눠요.

회기	활동	활동중
1		
2		
3		기억나거나
4		기억하고 싶은
5		내용을
6		써보세요.
7		
8		
9		

2. 9회기 동안에 진행되었던 프로그램에 중 인상적이었던 내용을 발표하거나 고마웠던 친구, 기억하는 친구에게 자신의 감정을 표현해 보기

- **사후 검사 또는 소감문 작성하기**

03 마무리

- **정리 및 소감 나누기**

1. 함께 정한 구호를 외치거나 합의된 포옹, 악수나 하이파이브 등으로 마지막 인사를 한다.

04

활동지 첫인상 스티커 만들기
10-1

04

활동지 10-2 짝꿍과 함께 대화 글 만들기

그림	내용

의사소통편

04
활동지 10-3 9회기까지의 활동을 복습해요. 활동에서 기억이 나거나 좋았던 점, 생활에 직접 적용한 경험 등을 이야기 나눠요.

회기	활동	
1		
2		
3		활동 중 기억나거나 기억하고 싶은 내용을 써보세요.
4		
5		
6		
7		
8		
9		

구분	프로그램 제목	활동방법
1	스마일 버튼	1. 개별 아동에게 5개의 스마일 스티커를 나눠줍니다. 2. 5개의 스마일 스티커를 각자 몸에 붙이도록 안내합니다. 이때 속옷을 입는 부위에는 붙이지 않도록 지도합니다. 3. (음악과 함께) 걸어다니면서 친구와 눈이 마주치면 자기소개를 하고 먼저 자기소개한 친구가 다른 친구의 몸에 있는 스마일 스티커를 버튼처럼 누릅니다. 4. 누름을 당한 친구는 "하!하!하!" 소리를 내며 재미있게 웃어주도록 지도합니다.
2	다양하게 인사해요	1. 아동과 함께 다양한 인사법을 정해봅니다. 예: 두 손 모아 인사하기, 발바닥으로 하이파이브 하기, 서로의 무릎을 맞대고 '안녕' 말하기 등. 2. 돌아다니면서 친구를 만나면 다양한 방법으로 인사하도록 지도합니다.
3	진진가 게임	1. 자신의 경험이나 자기를 표현하는 내용에 대한 것을 3가지 생각해 보도록 지도합니다. 2. 포스트잇 한 장에 하나씩 자신에 대한 것을 적습니다. 이때 포스트잇 두 장에는 각각 진짜의 내용을 적고, 하나에는 가짜의 내용을 적도록 합니다. 3. 한 사람씩 자신의 포스트잇에 적힌 내용을 말하도록 합니다. 4. 나머지 아동은 발표한 아동의 내용 중에 가짜의 내용을 찾아냅니다. 5. 발표한 아동은 가짜의 내용이 어떤 것인지 알려줍니다.
4	자기소개 인터뷰	1. 한 아동이 기자가 되어 다른 아동을 인터뷰하는 활동입니다. 2. 각자 친구에게 인터뷰할 내용을 만들어 친구에게 질문을 합니다. 예: 좋아하는 음식은 무엇인가요?, 생일에 받고 싶은 선물은 무엇인가요? 등. 3. 여러 개의 질문을 할 수 있도록 지도해 주세요. 4. 기자는 인터뷰한 내용을 바탕으로 친구소개를 합니다. Tip) 아동이 질문 만들기를 어려워할 수 있으므로 질문 목록을 미리 만들어 제안해 주셔도 좋습니다.

5	알쏭달쏭 점블퀴즈	1. 여러 가지 점블 퀴즈를 준비합니다. 　예: □렁□렁/ □글□글 / □키□□/ □지/ □아□. 2. 가장 먼저 빈칸을 채우는 아동(또는 집단)에게 점수를 줍니다. 3. 재미있는 답이나 창의적인 답도 생각해 볼 수 있도록 지도합니다.
6	동시에 말하기	1. 동시에 말하는 감정 단어를 알아맞히는 활동입니다. 2. 정답을 맞히는 아동 1명을 제외하고 문제를 내는 아동들이 감정 단어의 낱자 하나씩 말하기로 정합니다. 3. 문제를 내는 아동들은 동시에 감정 단어를 말합니다. 　예: '억울하다' 단어를 4명이 한 낱자씩 말합니다. 4. 정답을 맞히는 아동은 잘 듣고 정답을 말합니다. 5. 감정 단어를 맞히지 못하면 감정 단어를 거꾸로 한 사람씩 말해서 힌트를 줍니다.
7	판토마임	1. 포스트잇에 감정 단어를 하나씩 적도록 지도합니다. 2. 적은 감정 단어를 모아 놓고, 가위바위보를 해서 술래를 정합니다. 3. 술래는 감정 단어 하나를 골라, 말하지 않고 몸으로 그 단어를 표현하도록 합니다. 4. 나머지 아동은 술래의 표현을 보고 감정 단어를 알아맞힙니다.
8	지시 카드 따라 하기	1. 아동과 감정 지시 카드를 다양하게 만듭니다. 　예: 즐겁게 하하하 웃기, 신나게 폴짝 뛰기, 즐겁게 몸 흔들기, 흥겹게 춤추기 등. 2. 감정 지시 카드의 내용이 안 보이게 뒤집어 놓습니다. 3. 한 명씩 감정 지시 카드를 골라 그 카드의 지시 내용을 행동으로 표현합니다. 4. 나머지 아동은 그 행동에서 보이는 감정을 말합니다.
9	거울처럼 따라 하기	1. 표정을 따라 하는 활동입니다. 2. 한 명이 모두에게 얼굴이 보이도록 앉아 표정을 지어 보입니다. 3. 나머지 아동은 그 표정을 따라 하도록 지도합니다. 4. 처음 표정을 지은 아동은 자신과 가장 비슷한 표정을 지은 친구에게 다음 거울 역할을 하게 합니다.

10	손병호 게임	1. 손가락을 먼저 다 접는 사람이 지는 게임입니다. 2. 손가락 다섯 개를 펼치도록 합니다. 3. 순서대로 한 명씩 제안을 합니다. 예: 파란 옷 입은 사람, 안경 쓴 사람, 발 사이즈가 200mm이 넘는 사람 등. 4. 제안에 해당되는 사람은 손가락을 하나씩 접어 손가락을 다 접으면 지는 게임입니다.
11	끼리끼리 게임	1. 참여한 아동을 공통점으로 다시 모이게 하는 활동입니다. 2. 선생님이 먼저 조건을 말해 리그룹핑의 예를 말해줍니다. 예: 하얀색 양말을 신은 친구끼리 모여, 생일이 같은 달인 친구끼리 모여, 같은 성별끼리 모여, 같은 혈액형끼리 모여 등. 3. 모인 친구들이 서로의 특징을 이야기 합니다.
12	로꾸꺼 게임	1. 포스트잇을 적당량 나눠줍니다. 2. 주어진 시간 동안 바로 읽고, 거꾸로 읽어도 똑같은 말이 되는 단어를 최대한 많이 쓰도록 지도합니다. 예: 토마토, 기러기, 스위스 등, 저학년인 경우 범주화 단어목록을 활용합니다. 3. 한 명씩 돌아가면서 단어를 말하고, 말한 단어를 목록에서 지워갑니다. 4. 마지막까지 단어가 많이 남은 개인 또는 팀이 이기는 활동입니다.
13	동요 초성 게임 맞추기	1. 미리 동요 제목의 초성을 다양하게 많이 준비합니다. 2. 동요의 초성을 보여주면 모두 합창으로 노래합니다. 예: ㅎㄱㅈㅇ ㄸㄸㄸ → 학교종이 땡땡땡.
14	신문지 접기 게임	1. 노래에 맞추어 돌다가 선생님이 말한 인원수대로 신문지 위에 올라가는 활동입니다. 2. 올라가지 못한 친구는 기다리고 게임을 계속합니다. 3. 마지막까지 남은 친구가 이기는 게임입니다. 4. 신문지 접기 게임을 2~3회 정도 반복해 봅니다. 5. 이 게임을 통해서 (게임을 시작했을 때, 신문지가 점점 작아졌을 때, 게임이 끝났을 때 등) 느낀 감정은 어떤 것들이 있는지 이야기 합니다. [Tip] 신문지 접기 게임은 불쾌한 신체접촉이 생길 수 있으므로 사전에 속옷 입은 부위의 접촉을 주의하라고 알려줍니다.

15	종이컵 쌓기 게임	1. 아동을 두 팀으로 나누어 팀별로 종이컵을 300개 정도 준비합니다. 2. 팀별로 의논하여 하나도 남김없이 종이컵을 쌓도록 지도합니다. 3. 쌓다가 실패할 수도 있음을 알려주고 다시 할 수 있도록 격려해 줍니다. Tip 연령에 따라 종이컵 개수를 조절할 수 있습니다.
16	감정 글씨 그림 그리기	1. 감정 단어를 여러 개 준비합니다. 2. 각자 감정 단어를 하나씩 선택합니다. 3. A4 사이즈 색지에 단어를 크게 쓰고 감정 단어를 다양하게 꾸미도록 지도합니다. 4. 다른 아동에게 자신의 감정 단어 작품을 발표해 봅니다.
17	무궁화 꽃이 피었습니다	1. 술래 한 사람을 정하고, 다른 아동은 모두 멀리 한 줄로 서 있도록 합니다. 2. 술래가 '무궁화 꽃이 피었습니다'하고 뒤돌아보는 사이 다른 아동들은 술래에게 가까이 다가가 술래를 터치하면 끝나는 활동입니다. 3. 원래 알고 있는 '무궁화 꽃이 피었습니다' 게임에 제한 규칙을 정해 추가합니다. 예: 반드시 한 발을 들어야 한다, 오른손은 항상 하늘을 바라봐야 한다 등.
18	멋진 친구는	1. 빈칸을 채워 넣어서 '멋진 친구'에 대해 정의하는 내용을 작성하도록 지도합니다. 예: 멋진 친구는 □□□□□. 2. 작성한 내용을 함께 나누어 이야기해 봅니다.
19	친구랑 나는 한 몸	1. 선생님이 제시한 5~7개 단어를 포스트잇 한 장에 한 단어씩 씁니다. 2. 단어는 긍정적이고 따뜻한 단어들로 미리 준비합니다. 예: 사랑, 친절, 감사 등. 3. 단어를 쓴 포스트잇을 몸에 붙입니다. 4. 노래를 부르다가 선생님이 '사랑' 외치면 사랑이 쓰여 있는 포스트잇이 닿도록 몸을 움직입니다.

참고문헌

- 곽선희(2005). 휴대폰 문자메시지를 활용한 용건전달하기훈련이 정신지체아동의 언어표현능력에 미치는 효과. 단국대학교 대학원 석사학위논문.
- 곽옥희, 신건호(2018). 만 4세 유아의 말하기 듣기 루브릭 개발. 아시아문화학술원, 9(6), 501-516.
- 김건희, 조정민, 김소현, 서석진(2013). 발달장애학생의 소셜네트워크서비스(SNS) 활용에 관한 연구. 특수교육재활과학연구, 52(2), 321-339.
- 김망규(2011). 긍정심리 집단상담 프로그램이 청소년의 자아존중감, 행복감 향상에 미치는 효과 검증: 감사, 칭찬을 중심으로. 고려대학교 교육대학원 석사학위논문.
- 김미애(2021). 긍정심리치료와 감정코칭을 통합한 모-자 집단상담 프로그램 개발 및 검증: 학교부적응 아동을 중심으로. 대구대학교 대학원 박사학위논문.
- 김소연(2004). 사회극이 초등학교 결손가정 아동의 자아존중감 및 자기표현능력의 향상에 미치는 효과. 서울여자대학교 특수치료전문대학원 석사학위논문.
- 김종숙(2004). 자기주장훈련 프로그램이 아동의 대인불안 및 자기효능감에 미치는 영향. 한국교원대학교 교육대학원 석사학위논문.
- 김종운(2002). NLP 메타모형 집단상담이 비합리적 신념 및 자아존중감에 미치는 효과. 상담학연구, 4(1), 69-82.
- 김지혜, 임기영 역(2006). 인지치료의 실제. 서울: 중앙문화사.
- 나윤숙(2011). 의사소통 훈련 프로그램이 빈곤아동의 사회적 기술에 미치는 효과. 경북대학교 교육대학원 석사학위논문.
- 노미란(2000). 듣기의 추론 기능 향상에 영향을 미치는 변인 연구. 대구대학교 대학원 석사학위논문.
- 박덕영(2013). 감사일기 집단상담이 초등학생의 자기효능감 및 대인관계에 미치는 효과. 고려대학교 교육대학원 석사학위논문.
- 박창규, 이소희(2005). NLPia 코칭 프로그램. 서울: 한국부모코칭센터. 한국리더십센터.
- 박현주(2013). 스마트폰 이용자의 인스턴트 메신저 앱 이용동기와 수용: '카카오톡'과 '카카오스토리' 이용을 중심으로. 단국대학교 정보미디어대학원 석사학위논문.
- 서민지(2015). 학령 후기 아동의 감사성향과 친사회적 행동이 학교 행복감에 미치는 영향. 이화여자대학교 대학원 석사학위논문.
- 설기문(2003). NLP의 원리. 서울: 학지사.

- 송선영(2016). 카카오톡 어플 중재를 포함한 그룹언어치료 활동이 학령기 지적장애 아동의 화용능력에 미치는 효과. 대구대학교 재활과학대학원 석사학위논문.
- 신정희(2003). 활동 중심의 경청 기술 훈련이 아동의 경청 및 공감능력에 미치는 효과. 부산대학교 교육대학원 석사학위논문.
- 안병애(2004). 역할놀이를 통한 집단상담이 초등학생의 자아존중감에 미치는 영향. 국민대학교 교육대학원 석사학위논문.
- 이병두(2014). 그림을 이용한 이야기 완성 구조화 프로그램이 학령기 지적장애 아동의 화용능력에 미치는 효과. 대구대학교 재활과학대학원 석사학위논문.
- 이승훈(2013). 스마트 기기 기반 언어훈련 애플리케이션이 지적장애 학생의 읽기 능력에 미치는 효과. 전남대학교 대학원 박사학위논문.
- 이윤경(2021). 놀이를 활용한 공감적 의사소통프로그램이 교사가 지각한 유아의 사회적 유능감에 미치는 영향. 광운대학교 교육대학원 석사학위논문.
- 전경숙(2003). NLP 심리치료. 서울: 학지사.
- 최희진(2015). 카카오톡 어플을 활용한 언어중재 프로그램이 지적장애 아동들의 읽기능력 향상에 미치는 효과. 대구대학교 재활과학대학원 석사학위논문.
- 한태희(2004). 초등학생의 스트레스와 문제행동의 관계에서 부정적 인지변인과 대처방략의 매개효과: 구조방정식 모형을 통한 검증. 진주교육대학교 교육대학원 석사학위논문.

저자 소개

백현주

성균관대학교 석사, 박사 (아동청소년 상담 및 임상심리 전공)
임상심리사 1급, 청소년상담사 2급, 전문상담교사 2급
아동권리보장원 경계선지능아동 심리정서지원 사업 교육강사 및 슈퍼바이저
보건복지부 드림스타트 교육강사 및 슈퍼바이저
전두엽프리즘 대표

이승미

단국대학교 석사 (정서 및 자폐성장애아교육 전공)
인지학습상담전문가, 인지행동심리상담사 1급
아동권리보장원 경계선지능아동 심리정서지원 사업 슈퍼바이저

김향숙

동국대학교 이학박사 (아동가족학 전공)
명지대학교 통합치료대학원 예술심리치료학과 겸임교수
명우임상심리연구소 소장

느린학습자를 위한

사회성 프로그램
의사소통편 교사용

2024년 7월 17일 1판 1쇄

지은이 • 백현주 이승미 김향숙

그 림 • 유정민

편 집 • 이채은

감 수 • 안선주

펴낸이 • 최은석

펴낸곳 • 배움의숲
　　　　　010.9850.5412
　　　　　50386 서울특별시 강동구 풍성로35길 19 지층

등록번호 • 제 251-0020-23000011 호

ISBN 979-11-93456-14-9

정가 23,000원

이 책을 무단으로 전재하거나 복제할 경우 저작권법에 따라 처벌을 받게 됩니다.

☐ 기초인지 한걸음 시리즈

| 주의집중편 | 주의집중편 | 작업기억편 | 작업기억편 |
| 교사용 | 아동용 | 교사용 | 아동용 |

☐ 기초학습 한걸음 시리즈

수의 체계편/수와 연산편 교사용 · 수의 체계편 아동용 · 수와 연산편 아동용 · 도형편 교사용 · 도형편 아동용 · 기타 수학편 교사용 · 기타 수학편 아동용

읽기편 교사용 · 읽기편 아동용 · 쓰기편 교사용 · 쓰기편 아동용 · 한글 다문화편 교사용 · 한글 다문화편 아동용

읽고 쓰기 다문화편 교사용 · 읽고 쓰기 다문화편 아동용

☐ 사회성 프로그램 시리즈

감정편 교사용 · 감정편 아동용 · 의사소통편 교사용 · 의사소통편 아동용 · 친구 사귀기편 교사용 · 친구 사귀기편 아동용 · 의사소통 UP! 감정카드